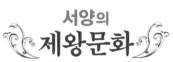

서양의
제왕문화

The Western Monarchy
in Historical Perspective

증산도상생문화총서 010

서양의 제왕문화

초판발행:2011년 11월 17일
글쓴이: 김현일
펴낸이: 안중건
펴낸곳: 상생출판
주소: 대전광역시 중구 선화동 289-1번지
전화: 070-8644-3161
팩스: 042-254-9308
E-mail: sangsaengbooks sangsaengbooks.co.kr
출판등록:2005년3월11일 (제175호)
배본대행처: 대원출판
2011 상생출판

ISBN 978-89-94295-22-0
ISBN 978-89-94295-1-5 (세트)

서양의 제왕문화

The Western Monarchy
in Historical Perspective

김현일 지음

상생출판

들어가는 말

오늘날에는 민주주의가 최고의 정치제도로 여겨지고 있으며 이에 대해 이의를 제기하는 사람도 거의 없다. 그래서 실제로는 일당독재나 일인독재에 불과한데도 정권에 버젓이 민주주의라는 수식어를 붙인다. 민주주의가 보편적 가치로 자리 잡지 않았으면 가능하지 않은 일이다. 그러나 한 두 세기만 거슬러 올라가도 사정은 달라진다. 대부분의 나라에서는 왕 즉 세습군주가 통치하였다. 군주monarch는 인민people이 선택하는 것이 아니라 인민의 뜻과는 상관없이 정해진다. 하늘이 인민에게 비를 내리듯이 왕은 인민에게 위로부터 주어졌다. 인민은 그렇게 주어진 왕에게 오로지 복종할 의무만 있었다. 왕은 하늘이 내린 존재였다. 그러므로 군주에게 복종하지 않는 것은 하늘 즉 신에게 복종하지 않는 것이나 마찬가지였다. 옛날의 왕정 시대에 가장 큰 죄악은 왕에게 복종하지 않는 죄 즉 반역죄였다. 반역죄에 대해서는 동서양을 막론하고 가차 없이 죽음으로 다스렸다.

이렇게 인민의 뜻과는 무관하게 통치자가 주어진 왕정시대가 오랫동안 역사를 지배하였다. 왕이 없던 시대는 찾아보기 힘들다. 우리나라 역사를 보자. 단군이 나라를 세운 이후 왕이 없던 시대가 있었던가? 1910년 조선이 일본에 의해 망할 때까지 줄곧 왕이 통치하였다. 옛 상고시대의 역사를 담은 『환단고기桓檀古記』라는 책이 있다. 이 책에는 우리가 역사교과서에서 배운 것보다 훨씬 자세한 우리 옛 역사에 대한 기록이 담겨 있다. 『환단고기』에 의하면 단군조선은 47명의 왕(단군)이 2,096년을 통치하였다. 또 단군조선 이전에도 신시배달국이란 나라가 있었고 그 이전에는 환국이 있었다. 신시배달국은 BCE 4000년, 환국의 경우는 무려 BCE 7000년경으로 거슬러 올라간다. 『환단고기』에는 단군조선의 47대 왕 뿐 아니라 신시배달국의 18명의 왕들(환웅桓雄), 그리고 환국의 왕들인 7대 환인桓仁의 이름도 기록되어 있다. 『환단고기』가 보여주듯 나라가 있으면 왕은 당연히 있는 것이라는 믿음이 오랫동안 사람들의 생각을 지배하였다. 왕이 없는 시대란 생각하기 힘들었다.

　우리의 이웃으로 오랫동안 동아시아의 종주국 노릇을 하였던 중국도 전설적인 삼황오제 시대부터 왕들이 계속해서 통치하였다. 중국에서 세습군주가 사라진 것은 1911년 신해혁명 때였으니 최근 한 세기를 빼면 왕이 없던 시대는 없었다고 하겠다. 또 다른 동양삼국의 하나인 일본에는 지금도 왕이 존재

한다. 물론 이차대전 이후 일본의 왕은 통치권을 박탈당해 지금은 상징적이고 한가로운 존재로 전락하였지만 일본인들은 일본을 건국했다는 신무천황 이후 지금까지 한 왕가가 계속해서 이어져온 것, 만세일계萬世一系를 자랑하고 있다.

이처럼 동아시아의 경우 20세기 초두까지 줄기차게 왕들이 통치해왔는데 서양의 경우는 어떠하였을까? 본서는 이러한 문제로부터 출발하여 서양 왕정의 역사를 독자들에게 간략히 소개하려고 하였다. 서양의 경우는 동양과는 달리 일찌감치 왕이 없는 정치체제를 모색하였다. 민주주의도 바로 그런 모색 가운데 하나였다. 그러나 왕이 없는 정치체제는 서양에서도 분명 예외적이었다. 입헌군주제가 확립되기 전까지 서양에서도 왕은 국가의 운명을 좌우하는 수장이었고 국가의 번영과 존망은 왕에게 크게 달려 있었다. 그러므로 옛 왕정시대의 역사를 알기 위해서는 부득이 왕들에 관해 알아야 한다. 이런 면에서 본서는 분명 왕들에 관한 역사이다. 물론 이런 식의 역사는 낡아빠진 역사가 될 위험성이 큰 것이 사실이다. 그러나 우두머리에게 권한이 집중되어 있는 모든 조직에서 그러하듯 왕정 시대에는 왕 개인이 중요하였다. 그렇기 때문에 왕들에 관한 역사는 나름대로 의미가 있다. 단 왕들만을 이야기하는 데 그치지 않고 왕정제도와 왕정과 관련된 사상과 문화를 포괄적으로 논할 수 있어야 한다. 하지만 유감스럽게도 본서는 이런 면에서 부족하다. 여러 시대에 걸친 여러 나라 왕정의 흐름과 그 특징을 두루두루 이해하기 위해서는 많은 노력과 능력이 요구되지만 필자에게는 그것이 모두 턱없이 부족하였다. 그러나 이 책의 내용이 미진한 것이 분명하지만 그렇다고 미진함을 구실로 간행을 무작정 미룰 수만도 없었다. 그러면 누구도 이런 넓은 주제를 다룬 책을 내지 못할 것이기 때문이다.

서양 왕정의 역사를 이야기로 들어가기 전에 잠시 강증산의 천지공사를 잠깐 언급하자. 강증산은 백여 년 전에 한국 땅에서 살다간 인물이지만 한국인들에게조차 잘 알려져 있지 않다. 그는 조선이 명을 다해가던 시기에 살았던 매우 독창적인 사상가였다. 증산도에서는 그를 상극의 운수가 지배하는 이 세상을 건지기 위해 이 땅에 인간의 몸으로 온 상제님으로 믿는다. 증산 상제가 이 땅에서 활동하던 당시의 세상은 천상의 하느님이 직접 오시지 않으면 안 될 정도로 혼란스러웠다. 증산 상제는 지방신, 문명신, 도통신, 선영신 등 갖가지 신명神明들을 동원하여 '조화정부造化政府'를 조직하고 이 조화정부와 함께 역사에 누적된 원한을 해소하고 새로운 세상을 세우기 위한 방안이자 프로젝트인 '도수度數'를 짰다. 이것이 바로 묵은 세상을 심판하고 새로운 세상을 세우기 위한 '천지공사天地公事'[1]였다. 묵은 하늘과 땅을 뜯어고치므로 천지공사라 하

---

1 증산 상제는 1901년부터 어천하는 1909년까지 천지공사를 이 땅에서 집행

였다. 그가 행한 천지공사는 우리가 이해하기 쉽지 않은 종교적 행위들과 상징들로 가득 차 있지만 모두 새로운 세상의 틀을 짜기 위한 것이었다.

그의 천지공사 중에서 새로운 정치 질서와 연관된 것이 여럿 있지만 필자의 관심을 크게 끈 것이 소위 '세계일가 통일 정권 공사'이다. 서로 싸우는 세계를 하나의 정치적 통일체로 만들어 지상천국을 건설하려는 이 공사를 행할 때 증산 상제는 '만국제왕의 기운'을 거둔다고 선언하였다. 그로부터 얼마 후 중국의 광서제가 죽고 조선의 왕정이 폐지되었다. 몇 년 뒤에는 서양에서 일차대전이 일어나 서양의 왕정시대를 종식시켰다. 서양 왕정의 역사를 다루는 이 책에서 이러한 만국제왕의 기운을 거둔 천지공사의 배경과 의미를 생각해보는 것도 나름대로 의미가 없지 않을 것이다. 그래서 책의 말미에 부록으로서 그 천지공사를 간략히 소개하였다.

하였다. 『100문 100답 증산도』 84쪽. 천지공사에 대한 상세한 기록은 증산도 『도전』 5편에 나와 있다.

목차

1. 고대 그리스의 왕

서양인들이 유럽 문화의 원류를 이룬다고 믿는 고대 그리스는 알렉산더 대왕 이전까지는 하나의 국가로 통합된 적이 없었다. 그리스는 규모가 작은 도시국가 즉 폴리스polis들로 나뉘어 있었다. 오늘날의 세계라면 도시국가는 예외적이다. 오늘날의 우리들은 국가라면 상당한 영토를 갖고 있어야 한다고 생각한다. 그러나 고대 그리스인들은 이집트나 페르시아 등 거대한 국가를 오히려 신기하게 여겼다. 좋은 국가라면 인구가 많지 않아 시민들이 모두 한 자리에 모여서 국사를 의논할 수 있을 정도의 규모를 가져야 한다고 보았던 것이다. 그래서 폴리스들은 주민의 수가 보통 수천에서 수만에 불과한 미니 국가였다. 이러한 폴리스들은 그리스 본토뿐 아니라 그리스인들이 이주하였던 인근 소아시아나 북아프리카, 이탈리아 반도 등 지중해 일대에 많이 세워졌다.

그리스 폴리스들은 다양한 정치체제를 갖고 있었다. 폴리스 세계에서 특징적인 것인 왕이 통치하는 군주정보다는 시민들이 통치하는 정치체제를 가진 나라들이 많았다는 것이다. 물론 정치에 참여하는 시민의 범위에 따라 과두정(올리가르키아)이나 귀족정(아리스토크라티아), 혹은 민주정(데모크라티아) 등으로 정치체제가 나뉘지만 시민의 정치참여는 폴리스 세계에서는 일반적이었다.

왕(바실레우스)보다는 '티라노스tyrannos'라고 불린 '참주僭主'들이 당시의 기록에서 많이 보인다. 참주는 쿠데타를 통해 불법적으로 권력을 잡은 정통성이 의심스런 통치자를 일컫는데 폴리스 내부의 정치적 혼란을 틈타 권력을 잡았던 사람들이다. 참주들은 정통성이 약했던 탓에 민중에 호소하는 정책을 펼쳤다. 한편으로는 독재자였지만 다른 한편으로는 친민중적인 통치자였던 셈이다. 헤로도토스의 『역사』에 나오는 아테네의 페이시스트라토스가 그러한 참주의 한 사람이다. 그는 아테네 전쟁영웅으로서의 높은 인기를 이용하여 가난한 아테네 시민들을 자기편으로 끌어들여 권력을 잡았다. 반대파에 의해 두 차례나 추방을 당했지만 다시 돌아와 죽을 때까지 아테네를 통치하였다. 그는 아테네의 번영에 기여하였으나 두 아들에게 권력을 물려주었다. 참주정에서 세습은 예외적이었다. 그런 면에서 참주는 권력이 신성한 것으로 받아들여진 왕과는 다른 존재였다.

왕정이 쇠퇴하면서 귀족정이 등장하고 다시 귀족정이 민주정으로 이행하였던 것이 고대 그리스 폴리스들의 일반적 정치 발전 과정이었다. 그러므로 폴리스들의 초기역사로 거슬러 올라가면 왕정을 만나게 된다. 현존하는 고대 그리스의 가장 오랜 기록이라고 할 수 있는 호메로스의『일리아드』,『오딧세이아』같은 서사시는 그 점을 시사해주고 있다.『일리아드』에 나오는 그리스 원정군의 우두머리들은 대부분 왕이었다. 원정군 총사령관 아가멤논은 미케네라는 나라의 왕이었고 아가멤논이 가장 신뢰하던 네스토르는 필로스의 왕, 오딧세우스는 이타카의 왕, 메넬라우스는 스파르타의 왕이었다. 또 전리품으로 얻은 여자문제로 아가멤논과 다투고는 전투에 참여하기를 거부했던 아킬레우스는 뮈르미돈 왕의 아들이었다. 한마디로 호메로스의 서사시는 왕정시대 왕들의 영웅담이었다. 물론 트로이 전쟁이 실제로 일어난 일이었다고 하더라도 호메로스 서사시의 영웅들이 실제 역사적 인물이었는지는 확실하지 않다. 호메로스의 서사시가 신들의 이야기인 신화로 가득 차 있기 때문에 우리는 어디까지가 실제 역사이며 어디까지가 후대에 만들어진 가공의 전설인지 알지 못한다. 좌우간 확실한 것은 기원전 13세기 경에 일어난 것으로 추정되는 트로이 전쟁

미케네 왕의 묘지에서 발견된 BCE 1500년경의 황금 마스크. 망자에게 씌운 것이다. 이 마스크는 호메로스의 서사시에 나오는 미케네 왕 아가멤논의 것일 가능성이 있다고 한다.

기에 그리스의 소국들이 왕들이 지배하는 통치체제를 갖고 있었다는 점이다.

민주정이 페르시아 전쟁 이후 극단적으로 발전하였던 아테네의 예를 보더라도 초기는 왕정시대였다. 아테네의 왕들 역시 대부분 전설 속의 인물들이다. 첫 번째 왕으로 일컬어지는 케크롭스는 상반신은 사람이고 하반신은 뱀의 모습을 한 전설적 영웅이다. 모습은 징그러웠지만 아테네인들에게 장례법과 혼인제도, 글을 가르쳐 주었다고 한다. 동양의 복희씨처럼 문화영웅이었던 셈이다. 아테나 여신이 아테네의 수호신이 된 것도 케크롭스 왕의 치세 때였다.[2]

신화는 다음과 같이 그 연원을 전한다. 아테나 여신과 포세이돈 신이 아테네인들에게 선물을 하나씩 주기로 했는데 누구의 선물을 아테네인들이 더 좋아할 지 케크롭스 왕이 판정하기로 하였다. 바다의 신인 포세이돈 신은 그의 트레이드마크인 삼지창으로 아크로폴리스의 바위를 내리쳐 샘물이 솟게 만들었

---

2 케크롭스 왕에 대해서는 G. Grote, *History of Greece*, I, 266-288쪽 참조.

다. 그런데 이 물은 짠물이었다. 이번에는 아테나 여신이 자신의 창으로 바위를 내리치자 그곳에서 올리브 나무가 자라났다. 케크롭스는 당연히 올리브를 선택하였다. 그리하여 아테나 여신이 아테네의 수호신이 되었다. 하지만 바다의 신 포세이돈 역시 선택에서 탈락하였지만 자신의 선물을 아테네인들에게 주는 도량을 발휘하였다. 여기서 짠물은 바다를 상징한다. 아테네가 해양 강국이 된 것은 이 때문이었다고 한다.

테세우스도 아테네의 유명한 전설적 영웅 왕이다. 그는 왕이 되기 전 크레타의 반인반수의 괴수인 미노타우로스 왕의 지배로부터 아테네를 해방시켰다. 당시 아테네는 7년에 한번 소년소녀들을 일곱씩 뽑

아테네의 에렉테이온 신전. 전설적인 아테네 건국자 가운데 한 사람인 에렉테우스를 모신 신전이다. 포세이돈과 아테나 여신 간의 싸움도 이곳에서 있었다고 한다. 현존하는 신전은 BCE 5세기에 세워진 것이다.

아 미노타우로스 왕에게 제물로 바쳐야 하였다. 테세우스는 부왕인 아에게우스 왕에게 크레타 원정에서 승리하고 돌아오게 되면 배에 흰 돛을 올리고 오겠다고 약속하고 떠난다. 크레타의 미궁迷宮(라비린토스)에서 벌어진 싸움에서 미노타우로스를 물리치고 미궁을 벗어난 그와 아테네의 젊은이들은 승리의 기쁨에 들떠 그만 검은 돛을 흰 돛으로 교체하는 것을 잊어버렸다. 약속한 돛의 색이 흰색이 아니라 검은 색이라는 것에 충격을 받은 아에게우스 왕은 그만 바다에 몸을 던져 죽고 말았다. 그래서 그의 이름에서 에게 해라는 바다 이름이 나오게 되었다.

영웅 테세우스가 죽은 아버지의 뒤를 이어 아테네의 왕이 되었다. 기원후 1 세기경에 살았던 그리스 역사가 플루타르코스(영어로는 플루타르크)에 따르면 테세우스는 아티카 지방 ─아테네가 위치한 지방─ 의 모든 마을들을 설득하여 한 나라로 통합하였다. 이는 아테네라는 도시국가가 여러 촌락들의 통합을 거쳐 형성되어간 역사적 사실을 반영

크레타의 괴수 미노타우로스를 죽이는 테세우스. BCE 6세기 아테네에서 제작된 항아리 그림.

하는 것이다. 물론 이러한 과정이 무력을 통한 통합이었는지 아니면 플루타르코스가 이야기하듯 설득을 통한 통합이었는 지는 밝혀져 있지 않다.[3]

전설에 따르면 ― 아직까지는 확실한 역사적 사실로 인정을 받지 못하는 이야기인 '전설'이다 ― 아테네의 마지막 왕은 코드루스라는 사람이었다. 그는 발칸 반도 북쪽에서 내려온 침략자들인 도리아 인들이 그리스를 위협하자 왕이 해를 입으면 아테네에 대한 도리안 인들의 침략이 성공하지 못할 것이라는 신탁을 믿고서 일부러 도리아 인 진영으로 가서 그들에게 죽임을 당했다. 그의 사후 아테네 사람들은 그와 비슷한 품격을 갖춘 계승자는 나올 수 없다고 생각하여 왕정을 폐지했다고 한다. 이는 역사기록과는 거리가 있는 전설로 생각된다. 우리는 그것을 『아테네의 국제國制』라는 책에서 확인할 수 있다.

『아테네의 국제』는 19세기 말에 우연히 발견되었는데 전문가들은 이 책을 쓴 저자가 아리스토텔레스라고 믿고 있다. 아리스토텔레스의 다른 저술인 『정치학』과 비슷한 부분이 많다

---

3 플루타르코스, 『플루타르크 영웅전』 테세우스傳. 한편 아리스토텔레스는 그의 『정치학』에서 영웅시대 왕들이 인민의 은인이었다고 말한다. 왕들은 사람들을 하나의 공동체로 모아 국가를 조직하였으며 그들에게 땅도 나눠주었다는 것이다. 아리스토텔레스는 왕들이 자발적으로 다스림을 받기를 원하는 사람들을 다스렸기 때문에 왕권은 정당성을 가졌으며 이런 면에서 야만인들 ― 비그리스 인들을 이렇게 불렀다 ― 의 왕정과 달랐다. 『정치학』 제3권, 14장.

는 것이다. 유감스럽게도 앞의 몇 장이 사라져 초기 왕정의 성립에 관한 사정은 알 수 없다. 하지만 왕정으로부터 귀족정으로 이행하는 과정에 대한 언급은 찾아볼 수 있다. 이 책에 따르면 아테네의 마지막 왕은 전쟁에서 무능하여 아테네인들은 왕을 대신하여 전쟁을 치를 유능한 군사지도자를 선출하였다. 이것이 최고관직의 하나인 '폴레마르코스'다. 그러나 왕은 '아르콘 바실레우스'라고 하여 그대로 두었다. 후에는 다른 수식어를 붙이지 않은 '아르콘'이라는 최고관직이 생겨났다. 또 법률을 돌에 새겨 그것을 보관하는 일을 맡았던 '테스모테타이'라는 직책도 만들어졌다. 이 관직들은 모두 귀족이 독점하였는데 한번 뽑히면 종신 혹은 10년간 재임할 수 있었다. 도합 9명의 통치자들 즉 아르콘들이 예전의 왕을 대신하여 아테네를 통치하였다.[4]

'아르콘 바실레우스'가 국가의 제사를 관장하였다는 것을 생각해보면 왕정시대 이후 아테네의 왕에게는 군통수권이나 행정권, 재판권 등은 모두 박탈하고 종교적 사제의 권한만 남겨두었던 것이 아닌가 생각된다. 상고시대에는 정치와 종교가 분리되어 있지 않았던 것이다. 아테네의 마지막 왕으로 일컬어지는 코드루스의 자손들은 13대 동안이나 아르콘 바실레우스로서 사제직을 유지하였다. 실제 통치권력은 귀족이 장악하

---

4 Aristotle, *The Constitution of Athens*, 211-212쪽.

고 코드루스의 자손들은 최고사제의 역할을 하였던 것이다.

그런데 실권을 장악했던 아테네 귀족들은 종교적 수장으로서 왕이 가진 권한이 생각보다 훨씬 강하다고 생각했던 것 같다. 귀족들은 코드루스 가문이 독점하던 아르콘 바실레우스직을 왕의 가족이 범죄를 저질렀다는 구실로 모든 귀족에게 개방해 버렸다. 그리고 더 나아가 그 직책도 1년 임기로 제한하였다.[5] 이로써 종교에 토대를 둔 세습왕제는 아테네에서 완전히 사라져버렸다.

왕정의 뒤를 이어 등장한 귀족정은 소수의 부유한 시민들 즉 귀족들만이 관직을 독점하는 정치체제였다.[6] 그러나 귀족들의 통치는 세월이 흐르면서 평민들의 불만을 사게 되었다. 폴리스들에서는 신분간의 투쟁이 나타났다. 귀족과 평민간의 투쟁은 부자와 빈자간의 투쟁이었다. 앞에서 말한 참주들이 귀족들의 통치에 대한 민중들의 불만을 이용하여 집권한 사람들이다. BCE 6세기 아테네의 참주 페이시스트라토스 역시 아테네의 가난한 시민들을 당파로 조직하여 권력을 잡은 사람이다.[7]

---

5 퓌스텔 드 쿨랑쥐, 『고대도시』 347쪽.

6 그리스어로 귀족은 '에우파트리데스' 즉 '아버지를 잘 둔 사람' 이라는 뜻이다. 좋은 가문의 사람을 말한다.

7 헤로도토스, 『역사』 58-59쪽.

참주들이 모두 잔혹한 폭군은 아니었지만 일부 참주들은 반대파들에 대한 무자비한 탄압을 가함으로써 참주는 폭군이라는 인식이 생겨났다. 아테네의 페이시스트라토스는 기존의 법과 제도를 존중하고 온건한 통치를 펼쳐 후대의 역사가들로부터 호의적인 평가를 받았지만 그의 사후 권력을 승계한 두 아들들은 아버지처럼 온건한 통치를 이어가지 못했다. 두 참주들은 압제 때문에 결국 정적에 의해 쫓겨났다. 페이시스트라토스의 이 두 아들이 쫓겨나면서 아테네에서 민주정이 수립되었다.

왕정제도와 제왕문화가 우리의 주제이지만 여기서 잠깐 그리스 민주정의 특징에 대해 살펴보고 넘어가도록 하자. 민주정치는 그리스를 제외하면 고대 역사에서는 그 유례를 찾아보기 힘들 뿐 아니라 서양인들 스스로 서양 민주정치의 기원을 고대 그리스에서 찾고 있기 때문이다. 민주정은 앞에서 말했듯이 부유한 귀족들의 통치에 대한 민중들의 불만에서 기원하였다. 귀족정은 한 사람이 아니라 다수의 시민들이 통치에 참여하는 체제이므로 민중이 통치에서 배제되는 상태가 계속될 수는 없었다. 우선 민중은 수가 많았고 특히 전쟁에서 큰 역할을 하였다. 아테네의 민주정치가 페르시아 전쟁 이후에 발전한 것도 전쟁에서 민중들이 한 역할 때문이다. 해상전투에서는 전함의 노를 젓는 노잡이의 역할이 중요하였는데 가난한 민중들이 그 역할을 맡았던 것이다.[8] 민주정치의 중추적 기구인 민회와 시민법정 등은 수가 많은 민중의 의견이 반영될 수 있는 제도적 장치였다.

민주정에서 관직은 원칙적으로 시민들이 제비뽑기로 돌아가며 맡았다. 일부 관직은 그 관직을 맡은 사람의 능력이 절대적으로 중요하다고 여겨져 선거를 통해 뽑기도 하였지만 예외적이었다. 대부분의 관직은 시민들이 추첨을 통해 일년씩 돌아가며 맡았다. 추첨이야말로 시민이면 누구에게나 기회가 가는 가장 공정한 방식, 가장 정의로운 방식이라고 생각하였던 것이다. 또 민주정치가 극도로 발전하였던 아테네의 경우 관직을 맡는 사람들에게는 수당이 지급되었기 때문에 가난한 시민도 정치에 참여하는 것이 제도적으로 보장되었다. 심지어는 민회에 참석하거나 법정에서 배심원으로 앉아 있어도 수당이 지급되었다. (이러한 관직수당제는 오늘날 대부분의 국가에서 실행하고 있는 것으로 우리에게는 전혀 낯설지 않다) 따라서 민주정치는 가

배심원 및 평의원을 뽑는 도구. 구멍에 명패를 꽂아두고 위에서 관을 통해 공을 굴려서 공이 멈춘 사람을 뽑았다.

---

8 고대 지중해의 배들 특히 전함은 노잡이들이 여러 층으로 배치된 이단노선 bireme, 삼단노선trireme 혹은 사단노선quadrireme이었다.

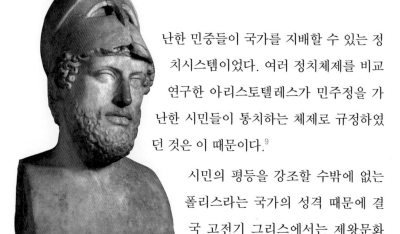

난한 민중들이 국가를 지배할 수 있는 정치시스템이었다. 여러 정치체제를 비교 연구한 아리스토텔레스가 민주정을 가난한 시민들이 통치하는 체제로 규정하였던 것은 이 때문이다.[9]

민주정치가 만개했던 시기 아테네의 정치가 페리클레스.

시민의 평등을 강조할 수밖에 없는 폴리스라는 국가의 성격 때문에 결국 고전기 그리스에서는 제왕문화가 발전하지 못했다. 고대 그리스에서 제왕문화를 발전시킨 것은 폴리스와는 성격이 달랐던 국가인 마케도니아였다. 그리스 북쪽에 위치해 있던 마케도니아는 인종적으로도 그리스와 달랐으며 – 적어도 말은 통하지 않았다 – 풍속도 상당히 달라 그리스인들은 이들을 '바르바로이'(야만족)라고 무시하였다. 마케도니아는 그리스인들이 아시아의 제국, 페르시아의 침략에 대해 힘을

---

[9] 물론 이 때문에 그리스 민주정치에 대해서 엘리트들의 혹독한 비판이 있었다. 통치능력이 있는 소수가 아니라 무지하고 덕도 갖추지 못한 민중들이 국가를 다스린다는 것을 받아들일 수 없었던 것이다. 소크라테스와 그 제자들은 민주정치에 대해 상당히 비판적인 태도를 보였다. 가장 신랄한 것은 크세노폰의 비판이다. 플라톤과 마찬가지로 소크라테스의 제자였던 그는 『아테네 공화국』에서 플라톤의『공화국』보다 더 노골적으로 민주정치 체제를 비판하였다. 소크라테스가 기소되고 결국 사형언도를 받게 된 것도 민주정에 대한 비판적 언사로 인해 아테네 민중의 미움을 샀기 때문이다.

합쳐 싸우던 페르시아 전쟁기에 페르시아에 예속되었다. 가난하고 후진적이며 정치적 혼란이 일상적이었던 마케도니아 왕국은 알렉산더의 부왕 필립포스 2세(재위 BCE 359-336) 때부터 순식간에 강력한 국가로 발돋움하였다. 그리스 폴리스들과는 달리 왕정제도가 행해지는 나라에서는 강력한 지도력과 통치능력을 갖춘 왕이 등장하면 국가적 역량이 순식간에 발휘되는 사태가 벌어지는데 마케도니아가 그런 경우에 해당한다. 필립포스 왕이라는 인물 자체가 뛰어난 능력을 가지고 있었다. 그는 소년시절에 3년간 남쪽의 도시국가인 테베(테바이)에 인질로 잡혀가 있었는데 그 때 테베의 탁월한 지도자들을 가까이서 접하고 테베의 뛰어난 군사전략과 외교술 등 많은 것을 배울 수 있었다.

왕이 된 필립포스는 군사력의 건설을 위해서는 재정적 기반을 확보할 필요가 있음을 절감하였다. 그가 판가이온 금광을 차지하기 위해 기울였던 노력은 이 때문이었다. '필립포이'라는 도시 — 우리말 신약성서의 '빌립보' — 를 건설한 것은 이 금광을 지키기 위해서였다. 여기서 나온 금으로 금화를 주조하여 병사들의 충성을 확보하였을 뿐 아니라 그리스의 폴리스들을 자기편으로 끌어들이는 데 사용하였다. 그는 반마케도니아 노선을 취한 테베, 아테네를 격파하고 전그리스의 지배자가 되었다. 물론 그리스 폴리스들이 그에게 패배하였다고 폴리스들이 멸망한 것은 아니다. 내정에서는 자치권을 보장받았지만 대외적으로는 마케도니아의 지배권을 인정해야 하였다. 한마디로 말해 마케도니아에 예속되었던 것이다.

필립포스 대왕은 커다란 야심을 갖고 있었다. 그리스 도시국가들의 동맹을 결성하고 가맹국들로부터 차출한 병력으로 구성된 그리스 연합군의 최고사령관이 되어 그리스 인들이 오랜 원수로 여겨온 페르시아를 정벌한다는 것이었다. 자신은 마케도니아 인이었지만 스스로를 헬라스(그리스)의 지도자로 내세우고 페르시아 원정을 준비하였다.

그러나 이 꿈은 딸의 결혼식에서 호위병의 손에 살해됨으로써 아들 알렉산더에게로 넘어간다. 10대부터 아버지를 따라 전투에 참여하였던 알렉산더는 BCE 336년 스무 살의 나이로 마케도니아 군대와 귀족들에 의해 왕에 추대 되었다. 그는 부왕의 죽음을 틈타 반란을 일으킨 남쪽의 그리스 폴리스들과 북쪽의 트라키아 인들의 반란을 신속히 진압하였다. 당시 마케도니아의 지배에 반기를 든 그리스 도시들 가운데 주동자격인 테베는 무자비하게 진압되었다. 도시는 완전히 파괴되고 주민들은 노예로 팔려갔다. 그리고 영토는 분할되어 주변의 도시국가들에게 주어졌다. 부왕에게 훌륭한 가르침을 제공하였던 테베는 그 아들 알렉산더에 의해 완전히 멸망당한 것이다. 이를 본 아테네는 겁에 질려 항복함으로써 재앙

을 면했다.[10]

알렉산더는 BCE 334년 마케도니아와 그리스 연합 군대를 이끌고 유럽과 아시아를 가르는 좁은 헬레스폰트 해협을 건넜다. 페르시아 제국의 군대를 격파하고 도시들을 공략하면서 지중해 연안을 따라 이집트로 내려갔다. 그곳에서 이집트 사제들에 의해 최고신인 태양신 아몬의 아들로 선포되었다. 당시 이집트가 페르시아의 지배를 받고 있었기 때문에 이집트 인들은 알렉산더를 해방자로 반겼던 것이다.

알렉산더는 그에 의해 쫓기다가 죽은 페르시아 왕 다리우스의 뒤를 이어 페르시아의 왕이 되었다. 마케도니아의 왕일 뿐 아니라 페르시아의 왕인 '왕중 왕'이 된 것이다. 그는 페르시아 정복만으로 만족하지 않고 박트리아 즉 오늘날의 중부 아프가니스탄을 거처 인도 서북부까지 진출하였다.

대정복 군주 알렉산

전투 중의 알렉산더 대왕. 폼페이 유적에서 출토된 모자이크의 일부.

10 플루타르크, 『플루타르크 영웅전』 알렉산더傳. 플루타르크는 알렉산더 대왕이 테베와는 달리 아테네 인들에 대해서는 대단히 너그럽게 대했다고 한다.

더는 이집트에서 받은 태양신의 아들이라는 명칭을 이용하여 스스로를 신격화하였다. 그는 자신의 진짜 아버지가 제우스-아몬 신이라고 하였으며 동방의 전제군주를 모방한 의식을 도입하여 자신의 권위를 높이려고 하였다. 한마디로 말해 신격화 작업에 나선 것이다. 신하들 가운데서도 알렉산더의 의도를 알아채고 그에 적극적으로 영합하는 사람들이 나왔다. 사람들은 신에게 하듯 왕 앞에 부복(프로스퀴네시스)하였다. 물론 이는 그리스 관습과는 어긋나는 것이었다. 그러나 일부 신하들은 왕의 이러한 조처를 못마땅하게 생각하였다. 그리스인들의 자유를 위협한다고 보았던 것이다. 알렉산더에 대한 살해음모 가운데 하나는 왕의 신격화에 대한 반발 때문에 일어났다. 알렉산더를 측근에서 시위하던 마케도니아 출신의 젊은 시동들 — 그 가운데 주동자가 헤르몰라우스였다 — 은 결국 음모가 사전에 발각되어 처형당했지만 자신들의 행위는 자유인이라면 묵과할 수 없는 억압과 전제에 대한 정당한 항거라고 주장하였다.[11]

이러한 반발에도 불구하고 알렉산더에 의해 시작된 군주에 대한 신격화는 그의 사후에도 계속되었다. 알렉산더의 제국을 그 부하 장군들이 나누어 가졌는데 이집트 왕국과 시리아 왕국, 마케도니아 왕국 등이 이렇게 해서 생긴 왕국들이다. 역

---

[11] G. Grote, *History of Greece*, V. 12 p.44

사가들은 이 왕국들을 헬레니즘 왕국이라고 부른다. 그리스-마케도니아 계통의 왕들과 지배계급이 통치하며 그리스 문화에 토대를 둔 왕국들이었기 때문이다. 헬레니즘 왕국들은 동방의 관행을 적극적으로 수용하였다. 그래서 옛 폴리스들에서는 보기 힘들었던 전제군주정이 발전하였다. 헬레니즘 왕국에서 왕의 명령은 법의 효력을 가졌으며 왕은 신민의 생사를 좌우하였다. 국가의 정책은 군주 개인의 의지에 의해 결정되었다. 왕권에 대한 제약도 사라졌다.

헬레니즘 왕국의 왕들은 '대왕'(바실레우스 메가스) 또는 '왕중왕'(바셀레우스 바실레온) 등으로 불렸다. 왕의 권위를 높이기 위해 행정관리가 아니라 궁정관리가 왕을 수행하였다. 엄격한 등급과 정교한 의식을 갖춘

알렉산더 제국을 계승한 그리스계 헬레니즘 왕국들.

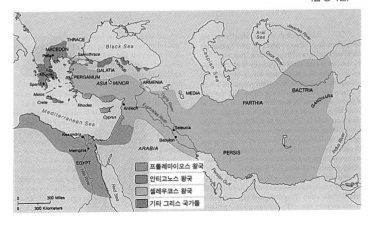

프톨레마이오스 왕국

안티고노스 왕국

셀레우코스 왕국

기타 그리스 국가들

궁정관리의 수는 크게 늘어났다.[12] 또 헬레니즘 왕국에서는 알렉산더에게서 볼 수 있듯이 군주를 신으로 숭배하는 관습이 생겨났다. 이러한 관습은 주화에 새긴 군주들의 초상에서 잘 드러난다. 원래 그리스 도시국가들에서는 주화에 자신들의 수호신을 새겼다. 예를 들어 고대 그리스 세계에서 널리 통용되었던 아테네의 드라크마 은화에는 아테나 여신의 상이 새겨져 있다. 그런데 헬레니즘 시대의 주화에서는 신이 아니라 왕의 모습이 등장한 것이다. 또 왕의 이름에 구원자(소테르), 신(테오스), 현신(에피파네스) 같은 인간으로서 붙이기는 거북한 별명을 붙이거나 심지어는 제우스나 아폴론 같은 신의 이름을 덧붙이기도 하였다. 이러한 군주에 대한 종교적 숭배 관행이 헬레니즘 왕국의 군주들을 전제군주로 만드는 데 기여한 것은 두말할 나위가 없다. 로마는 헬레니즘 왕국들을 하나씩 모조리 정복하였는데 로마 제국 후기에 이러한 헬레니즘 왕국의 군주숭배를 적극 모방하게 되었다.

---

12 빅터 에렌버그, 『그리스 국가』 236쪽.

2. 로마의 왕과 황제

로마는 지금으로부터 2천년 전에 지중해를 에워싼 거대한 지역을 하나로 통일한 나라였다. 규모로 봐서 오늘날의 유럽 연합보다 훨씬 크다. 이탈리아와 이베리아 반도, 프랑스와 영국, 그리고 벨기에와 독일의 라인강 좌안 (이 지역을 라인란트라고 부른다) 등 서유럽 그리고 발칸반도를 위시한 동유럽 뿐 아니라 메소포타미아, 시리아, 이집트, 북아프리카 등 비유럽 지역들에까지 판도를 넓혔던 것이다. 유럽과 아시아, 아프리카 세 대륙에 걸친 광대한 로마제국도 처음에는 몇 개의 촌락으로 이뤄진 작은 도시국가로 시작하였다.

로마의 전설에 의하면 로마를 건국한 초대 왕 로물루스는 트로이 왕국의 왕족 가운데 한 사람인 아에네아스의 후손이다. 그리스 연합군의 공격을 받아 트로이가 망하자 아에네아스는 그 가족들과 일단의 사람들을 데리고 수년간의 항해와 유랑 끝에 라티움 지방에 가까스로 도착하였다.

로마인들에 따르면 로물루스가 로마 시의 건설을 완성한 것이 BCE 753년이었다. 당시 로마의 시민들이란 그가 데리고 간 거친 사내들 뿐이었다. 여자가 부족하였을 것은 두말할 나위도 없는 사실. 그래서 로마인들은 근처에 사는 사비니 족 처녀들에 눈독을 들여 그 처녀들을 납치하여 아내로 삼았다. 옛날에는 이런 식의 약탈혼이 흔했던 모양이지만 이 때문에 사비니 남자들과 로마 남자들 사이에 전쟁이 일어났다. 그러나 이제는 로마인들의 아내가 되어버린 사비니 여인들의 눈물 어린 호소로 양측은 화해하였다. 물론 전설이다. 그러나 로마의 건국에 얽힌 이러한 전설은 초기 로마가 사비니 족을 포함한 여러 다양한 족속들로 이루어져 있던 사실을 반영하고 있다.

늑대의 젖을 먹고 자란 로마의 전설적 건국자 로물루스와 레무스.

사비니 인들과의 타협은 로물루스가 사비니 인들의 신인 퀴리누스를 로마의 수호신으로 정한 데서도 나타난다. 후대에 로마의 시민을 '퀴리테스'라고 부르게 되는데 (단수는 퀴리스) 이 명칭은 퀴리누스 신의 이름에서 온 것이다. 로마의 건국시조인 로물루스가 죽은 후 로마인들은 새로운 왕으로서 사비니 인을 뽑았다. 누마 폼필리우스라는 인물로 플루타르코스의『영웅전』에 로마를 대표하는 영웅의 한 사람으로 기록되어 있다.[13]

로마의 왕은 제사장을 겸하였다. 이는 고대 국가 초기 단계에 흔히 나타나는 현상이다.[14] 로마의 왕은 국가 제사를 집행하였을 뿐 아니라 점복을 통해 국가의 길흉을 판정하기도 하였다. 즉 전쟁이나 강화 등 국가중대사에 대해 신들의 뜻을 알아내는 권한을 가졌다. 고대 중국에서는 거북이 등짝이나 소의 뼈를 불에 지졌을 때 금이 가는 모습으로 점을 쳤다고 하는데 로마에서는 새가 나는 모습이나 그 울음소리를 통해 신의 뜻을 판정하였다고 한다. 대신관으로서의 왕의 권한은 BCE 510년 로마에서 왕정이 폐지된 이후에도 최고관직자인 콘술에게로 그대로 계승되었다.

로마 시민들이 왕을 내쫓고 공화정 시대를 열게 되는 직접적인 계기는 왕의 아들이 유력가문의 유부녀를 강간한 사건이었다. 당시 에트루리아 족 출신의 왕인 타르퀴누스 거만왕(거

---

13 플루타르코스의 영웅전의 원제목은 'bioi paralleloi'로 '대비열전'이라고 번역할 수 있을 것이다. 그리스, 로마의 대비되는 23쌍의 인물들 전기이다.

14 영국의 유명한 인류학자 제임스 프레이저는 왕의 기원을 주술사에서 찾는다. 공적 주술public magic을 통해 사람들로부터 신망을 얻은 주술사는 쉽게 족장이나 왕의 지위를 얻게 되었다는 것이다.『황금가지』70쪽.

만왕은 별명이다)은 사비니 인들의 사당을 헐어버리는 등 로마 인들의 공분을 불러일으키는 짓을 자행하여 여론이 좋지 않았는데 그만 강간사건이 벌어진 것이다. 유력한 가문의 부인인 루크레티아가 자신이 당한 일을 친척들에게 이야기하고는 명예를 지키기 위해 자살해 버리자 분노한 로마 시민들이 들고 일어났다. 그리하여 원로원이 중심이 되어 귀족들이 타르퀴누스 왕을 내쫓고 왕이 없는 공화국을 수립하였다. 이것이 로마의 공식적인 역사에서 말하는 왕정에서 공화정으로의 이행의 원인이다.

그런데 19세기 프랑스의 유명한 역사가 퓌스텔 드 쿨랑쥐는 이 사건을 다른 측면에서 해석한다. 그는 로마의 왕들은 평민들에게 인기가 있었으며 귀족의 종교적 및 정치적 특권을 위협하였다고 지적한다. 퓌스텔 쿨랑쥐에 의하면 로마의 마지막 왕인 타르퀴누스 왕은 루크레티아 사건 때문에 내쫓긴 것이 아니다. 귀족들은 왕을 내쫓기 위한 음모를 꾸몄으며 루크레티아 사건은 하나의 구실에 지나지 않았다는 것이다.[15] 타르퀴누스 왕은 귀족들과의 협의 없이 전쟁을 하거나 평화를 맺는 등 귀족을 무시한 통치를 하였다.[16] 이러한 왕의 정책에 적

---

15 퓌스텔 드 쿨랑쥐, 『고대도시』 352쪽.

16 로마의 귀족들은 '파트리키'라고 하였는데 이는 '족장'이라는 뜻이다. 씨족의 우두머리였을 것이다.

대감을 가진 귀족들이 왕이 로마 밖으로 나간 사이 왕정을 폐지해버렸다는 것이다. 퓌스텔 드 쿨랑쥐의 주장은 상당한 설득력을 갖는다. 공모자들이 민중이 모이는 것을 피하여 원로원으로 가서 왕정 폐지를 선언하였으며 또 상당수의 평민들이 왕에게 가담하여 그와 운명을 함께 하였다는 사실이 그것을 입증해준다. 공화정 수립 이후 평민들의 불만이 높아져 소위 평민들의 신분투쟁이 벌어졌다는 사실을 고려해 보면 로마 공화정의 수립이 귀족혁명이라는 결론을 내리는 것도 지나친 주장이 아닌 듯하다.[17]

원래 라틴어에서 공화국은 한 사람의 것이 아닌 다수의 것이라는 뜻이다. 'res'는 물건이고 'publica'는 공공이라는 뜻이니 공화국을 뜻하는 'res publica'는 왕 개인이 멋대로 하지 못하는 공공의 것을 나타낸다. 하지만 이는 어디까지나 원로원 귀족들의 해석이다. 실제로 공화정 로마는 민주정이 실현된 아테네와는 달리 민중이 아니라 귀족 공화국으로 일관하였다. 형식상으로는 민주정의 외양을 닮아갔으나 본질적으로는 부유한 귀족들이 지배하던 공화국이었다는 것이 대다수 역사가들의 지적이다.

---

[17] 로마인들이 왕정에 대해 적대적이 된 것은 왕정 시대 후기의 왕들이 아마 에트루리아 인들이었기 때문이라는 주장도 있다. Jean Barbey, *Être roi : Le roi et son gouvernement en France de Clovis à Louis XVI*, 10쪽.

공화정 시대에 로마의 중추기관이 되는 원로원 senatus은 왕 대신에 두 명의 집정관을 두었다. 이 집정관을 '콘술'이라고 불렀는데 매년 선출되었다. 임기가 오늘날의 대통령과는 달리 일년밖에 되지 않았던 것이다. 콘술은 켄투리아 회의라는 로마의 민회에서 선출되었는데 문제는 켄투리아 회의가 부유한 시민들에게 압도적으로 유리하게 구성되어 있었다는 점이다.[18] 또 후보에 대한 토론은 허용되지 않았으며 의장이 지명하는 후보에 대한 투표만 할 수 있었다. 의장도 원로원이 지명하는 인사가 맡았다.

투표하는 로마인들을 새긴 데나리우스 은화(BCE 2세기)

귀족들은 콘술에게 왕권과 다름없는 막강한 권력을 부여하면서 권력에 대한 견제장치를 마련하였다. 콘술들 서로에 대한 거부권(비토)이 그것이다.[19] 한

---

18 '켄투리아 회의comitia centuriata'는 재산등급에 따라 나뉘어진 '켄투리오' 단위로 표결을 하는 로마의 민회를 말한다. 원래는 193개의 켄투리오로 구성되었다. 기병 켄투리오가 18개, 보병 켄투리오가 170개, 나머지 5개는 비무장 부속군 켄투리오였다. 보병 켄투리오는 다시 재산에 따라 5등급으로 나뉘어졌는데 재산이 많은 1등급이 80개의 켄투리오, 2등급부터 4등급이 각 20개, 5등급이 30개를 차지하였다.

19 비토veto라는 말은 라틴어로 '나는 거부한다' 라는 뜻이다.

사람이 다른 한 사람의 조처에 반대하면 그 콘술의 조처는 법적으로 무효가 된다. 막강한 권한을 위임받은 콘술에 대한 견제장치였을 것이다.

앞에서 언급한 루크레티아의 남편인 콜라티누스가 초대 콘술 가운데 한 명이 되었다. 왕이 가졌던 것과 다름없는 콘술의 막강한 권력은 후에 다른 관직들이 생겨남으로써 차츰 축소되었다. 예를 들어 재판관의 역할은 프레토르praetor ─ 법무관이라 번역하지만 원래는 지도자라는 뜻이다 ─ 라는 관직이 창설되면서 콘술로부터 분리되었다. 콘술이 주로 군사령관의 역할을 하였던 터라 그 업무를 덜어주기 위해 프레토르 직을 먼저 만들게 되었던 것으로 보인다. 다음으로는 인구를 조사하고 풍기를 감찰하는 '켄소르'라는 관직이 생겨났다. 영어로 인구조사를 의미하는 '센서스census'는 이 관직으로부터 나온 것이다. 왕이 하던 제사장의 역할은 신성한 왕이라는 뜻의 '렉스 사크로룸'과 대신관(폰티펙스 막시무스)에게로 넘어갔다. 전자는 정치문제에 대한 관여가 금지되었기 때문에 귀족들에게 인기가 없었으나 후자에게는 그런 제한이 없고 또 높은 권위가 부여되어 매우 인기가 높았다. 카이사르나 후대의 황제들은 대부분 이 대신관을 겸하였다.

공화정 시대 로마의 관직은 처음에는 귀족(파트리키)만이 차지할 수 있었다. 로마의 민회는 그리스의 민회처럼 다수결이 지배하는 평등한 성격의 회의가 아니었다. 앞에서 설명한 것처럼 모든 시민들이 평등하게 한 표씩 투표권을 행사한 것이 아니라 귀족이 절대적으로 우세하도록 재산에 따라 시민을 여러 등급으로 나누고 표결권을 차등 부여한 것이다. 그래서 평민(플레브스)은 권력으로부터 소외되었다. 이 때문에 평민들의 불만이 높아 귀족과의 싸움이 벌어졌다. 물론 무장투쟁은 아니고 오늘날 노동자들의 파업과 비슷한 형태의 투쟁이었다. 평민들 없이는 전쟁도 할 수 없고 국가의 유지가 불가능함을 알았던 로마의 귀족계급은 차츰 양보하여 결국 평민계급도 어느 정도 정치에 참여할 길이 열렸다. 그렇다고 해서 아테네식의 민주정치가 이뤄진 것은 아니다.

민회에서 콘술을 비롯한 고위관직을 선거로 선출하는 로마의 공화정 체제는 기원전 1세기 말까지 유지되었다. 기원전 1세기에 들어 로마는 막대한 국유지처리 문제, 군대개혁 등을 놓고 당파 사이의 갈등이 내전으로 비화하였다. 한 당파가 권력을 잡으면 다른 당파의 인사들을 추방하거나 죽이고 그 재산을 몰수하였다. 수십 년간의 이러한 내전 끝에 최종적으로 승리를 쟁취한 인물이 율리우스 카이사르(영어로는 시저)의 조카이자 양자였던 옥타비아누스였다. 옥타비아누스는 로마 최초의 황제로 일컬어진다. 그는 공화정의 외양을 유지하면서 실질적으로는 로마의 모든 권력을 자신에게 집중시켰다.

옥타비아누스는 원로원으로부터 신과 같이 존엄한 자라는 뜻의 '아우구스투스augustus'라는 칭호도 받았지만 스스로를 '프린켑스princeps'라고 내세우기를 좋아하였다. 프린켑스는 원로원의 수석의원, 수석시민 이라는 뜻이므로 공화정의 원리와도 어긋나지 않는다.[20] 옥타비아누스는 이 칭호 외에 '임페라토르 카이사르'라는 칭호도 사용하였는데 이는 '카이사르 가문의 개선장군'이라는 뜻이다. 로마 민중이 좋아하는 카이사르 — 카이사르는 로마의 당파 중에서 민중의 이익을 내세우는 민중파의 영수였다 — 의 후계자로서 개선장군임을 강조한 것이다. 임페라토르는 후에는 황제를 뜻하지만 원래는 원정에서 성공하고 돌아와 로마 시민들이 보는 앞에서 자랑스레 개선식을 여는 개선장군을 의미하였다. 원로원은

율리우스 카이사르. 공화정 말기의 권력 투쟁에서 승리하여 막강한 권력을 휘둘렀으나 공화정을 폐지하지는 않았다. 후대의 로마 황제들은 그의 성을 따서 '카이사르'라고 불리게 되었다.

---

20 프린켑스로부터 통치자 혹은 군주를 뜻하는 영어의 'prince' 라는 단어가 나왔다.

또 옥타비아누스에게 초헌법적인 특권을 부여하기도 하였다. '호민관의 특권'이라 불리는 특권이다. 이 특권에 대해서는 일반 독자들에게 약간 설명이 필요할 것이다.

원래 로마가 말은 공화국이었지 귀족들이 관직을 독점하다 보니 평민들의 불만이 높아져 평민들의 투쟁이 벌어졌다는 것은 앞에서 지적한 바 있다. 호민관(트리부누스)은 이러한 투쟁 이후 귀족들이 평민에게 양보하여 생긴 관직의 하나인데 목적인즉 평민의 권익을 수호하는 것이다. 호민관은 평민들만 모이는 민회인 평민회의 의장 노릇도 하고 원로원을 소집하여 법안을 제안할 수 있었으며 또 원로원의 결의도 거부할 수 있는 거부권도 있었다. 어찌 보면 막강한 권한이다. 그런데 호민관은 모두 10명이나 되었다. 이렇게 많은 호민관이 있다 보니 같은 권한을 가진 호민관들끼리 의견이 일치하지 않아 행동통일이 어려웠다. 권력은 나누면 약해지는 것이다. 또 호민관의 권력은 로마 시내로 제한되었다. 로마 바깥으로 한발자국만 나가도 아무런 권한이 없었다. 호민관직에는 이러한 약점이 있었다.

호민관직은 원래 평민에게만 열려 있어 귀족은 호민관이 될 수 없었다. 그래서 원로원은 귀족인 옥타비아누스에게 호민관의 직책을 부여할 수 없어 '호민관의 특권'(트리부니키아 포테스타스)을 부여하는 편법을 썼던 것이다. 그것도 예전에는 10명

이나 되었던 호민관들에게 주어졌던 거부권이 단 한 사람에게 주어졌다.[21]

옥타비아누스의 실질적 권력은 두 가지 요소로부터 나왔다. 하나는 집정관(콘술), 감찰관(켄소르), 대신관(폰티펙스 막시무스) 및 호민관(트리부누스) 등 로마의 주요 관직을 겸임한 것으로부터 왔으며 다른 하나는 로마 군대에 대한 최고통수권으로부터 나왔다.[22] 원로원은 아직도 혼란이 가시지 않은 여러 속주의 통치를 그에게 위임하였다. 이러한 속주들에 주둔한 로마 군단들에 대한 통제권 즉 군통수권이 그에게 주어졌다. 이후 로마의 속주는 군사적으로 중요한 황제 속주와 군사적 위험이 별로 없는 원로원 관할하의 속주로 나뉘게 되었다.

제정의 창시자 즉 로마의 첫 황제인 옥타비아누스는 자신의 양부인 카이사르가 정적들로부터 왕이 되려고 한다는 의심을 받아 결국은 살해되었던 것을 누구보다 잘 알고 있었다. 그래서 그는 사람들의 의구심을 불식시키기 위해 왕을 연상시키는 금관이나 홀 그리고 카이사르가 즐겨 입었던 자주색 토가 등을 멀리하였다.

옥타비아누스의 이러한 의식적 노력에도 불구하고 그 통치

---

21 시오노 나나미, 『로마인 이야기』 제6권 79-80쪽.

22 로마인들은 황제의 군사적 권력을 행정 권력인 '포테스타스'와 구별하여 '임페리움'이라고 하였다. (임페리움은 명령권이라는 뜻이다) 황제의 권력은 이 두 가지 요소가 결합되어 있었다.

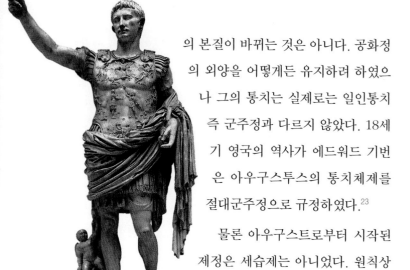

의 본질이 바뀌는 것은 아니다. 공화정의 외양을 어떻게든 유지하려 하였으나 그의 통치는 실제로는 일인통치 즉 군주정과 다르지 않았다. 18세기 영국의 역사가 에드워드 기번은 아우구스투스의 통치체제를 절대군주정으로 규정하였다.[23]

물론 아우구스트로부터 시작된 제정은 세습제는 아니었다. 원칙상으로 로마의 황제는 로마 인민에 의해 선출되는 모양을 취했

갑옷을 입은 아우구스투스 황제의 대리석상.(바티칸 박물관 소장)

다. 로마 인민을 대변하는 것이 민회였지만 제정기에 와서 민회는 완전 별볼일 없는 기관이 되었다. 2대 황제인 티베리우스 황제 때부터 민회는 관직자의 선출을 원로원으로 넘겼던 것이다. 이는 옥타비아누스 황제가 양자이자 사위인 티베리우스에게 지시하여 일어난 것이라 한다. 그래서 원로원이 그 역할을 대신하였다. 하지만 원로원 의원들도 황제에 의해 숙청되었기 때문에 원로원 역시 황제의 눈치를 살피

---

23 E. Gibbon, *The History of the Decline and Fall of the Roman Empire*, Vol. I, 80쪽.

지 않을 수 없었다. 이후 로마에 정치적 혼란이 초래되면 원로원이 아니라 군대가 개입하여 새로운 황제를 세우는 경우가 많았다.

황제를 최측근에서 경호하는 근위대가 그런 일을 자주 벌였다. 이러한 비극은 제3대 황제인 카리굴라 황제 때부터 일찌감치 시작되었다. 카리굴라는 로마인들에게 폭군으로 여겨진 인물인데 그와 개인적으로 친분이 있던 근위대 장교에 의해 살해되었다. 카리굴라의 숙부였던 클라우디우스 황제와 그의 뒤를 이은 네로 황제 역시 근위대의 손에 의해 황제의 자리에 올랐다. 철학자인 마르쿠스 아우렐리우스 황제

로마 제국의 판도.
AD 14년과 117년.

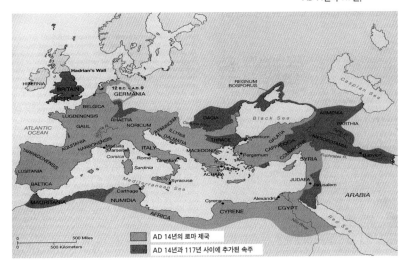

AD 14년의 로마 제국
AD 14년과 117년 사이에 추가된 속주

의 아들인 콤모두스 황제도 근위대장이 중심이 된 음모에 의해 살해되었다. 근위대장은 통치보다는 검투사 흉내를 내기를 좋아한 콤모두스를 죽여야만 로마를 구할 수 있다는 확신을 가졌다. 오늘날 같으면 선거를 통해 무능한 통치자를 다른 인물로 교체할 수 있으나 로마 황제는 종신직이어서 황제를 죽여야만 새로운 통치자를 세울 수 있었기 때문이다.

자신들에게 급료를 제대로 주지 못하는 황제를 근위대 병사들이 죽이고 제위를 경매에 부친 일도 있었다. 로마 19대 황제 페르티낙스가 그 근위대장에 의해 살해되고 아프리카 속주총독 디디우스 율리아누스와 원로원 의원 플라비우스 술피키아누스가 근위대 병사들 앞에서 제위 경매전을 벌였다. 근위병 일인당 5,000 데나리우스를 부른 술피키아누스보다 더 높은 가격을 부른 율리아누스가 황제로 추대되었다고 한다.[24] 새로운 황제를 경매를 통해 선출하자 로마 시민들은 반발하였다. 속주의 총독들 역시 이렇게 황제가 된 사람을 황제로 인정하기를 거부하였다. 시리아 총독과 브리타니아 총독 그리고 판노니아(오늘날의 헝가리 일대) 총독 세 사람이 경매로 선출된 황제를 거부하였다. 이들은 모두 자신의 군단병사들에 의해 황제로 옹립되어 내전은 피할 수 없게 되었다. 이렇게 시작된 로마 군단간의 황제옹립전에서 판노니아 총독 셉티미우스 세

---

24 시오노 나나미, 『로마인 이야기』 제11권 339쪽.

베루스가 승리하여 황제가 되었다. 세베루스는 군인들의 처지를 개선한다는 명목으로 군인 봉급을 대폭 인상하였다. 반면 자신의 마음에 들지 않는 원로원 의원들을 부패와 음모의 구실로 대거 처형해버렸다. 군인들에게 인기가 높았던 그의 통치는 그야말로 군사독재와 다름없었다. 군단사령관으로서 자신의 군단에 의해 로마의 지배자가 된 황제들을 '군인황제'라고 역사가들은 부르는데 이러한 황제들이 3세기 로마의 정치적 혼란 때문에 대거 등장하였다.

전투 중의 알렉산더 대왕. 폼페이 유적에서 출토된 모자이크의 일부.

광대한 영역을 다스렸던 로마는 국경선 너머의 여러 적들과 끊임없이 전쟁을 하였다. 로마 황제는 로마 시내에 있는 궁정이 아니라 전선의 막사에 머무는 경우가 많았다. 황제는 무엇보다 군대의 통수권자였기 때문이다. 철학자로 유명한 마르쿠스 아우렐리우스 황제도 재위기간의 절반 이상을 전선에서 보냈다. 인생에 대한 깊은 철학적인 성찰을 담은 그의 『명상록』은 게르만 족과 전쟁을 하는 동안 막사에서 시간 나는 대로 틈틈이 쓴 것이라 한다.

군인 출신의 황제들 가운데 벼락출세자들이 많았지만 가장 성공한 사람의 하나가 군인황제 시대를 종식시키고 로마 제국의 정치적 혼란을 수습하였던 디오클레티아누스 황제(재위 284-305)이다. 아드리아해 연안의 달마티아 지방의 미천한 집안 출신으로서 군대에 들어와 한 계급 한 계급씩 승진하여 결국은 자기 부대병사들에 의해 황제로 옹립되었던 사람이다. 그런데 이 디오클레티아누스 황제는 로마의 정치적 혼란의 태반은 제위 계승자가 확실하게 정해지지 않아 초래되었다고 생각하였다. 그는 이 문제를 황제를 보좌하는 부제副帝 즉 공동통치자를 두는 것으로 해결하려 하였다. 정제에 대해서는 '아우구스투스', 부제에 대해서는 '카이사르'라는 칭호를 붙였다. (원래 이 두 칭호는 모두 황제를 의미하는 것이었다) 정제가 죽으면 부제가 그 자리를 계승하도록 하였다. 그는 또 로마 제국이 한 사람이 통치하기에는 너무나 거대하다고 생각하여 제

마르쿠스 아우렐리우스 황제 기마상. 로마의 카피톨레 광장에 있다.

국을 동서로 나눠 두 사람의 정제가 동서를 각각 맡아 통치하는 방식을 시행하였다. 두 명의 황제에 두 명의 부제가 있으니 네 명의 통치자가 제국을 4분하여 다스리는 체제였다. 그래서 이를 사람들은 '테트라르키'(4인통치)라 불렀다. 그에 의한 분할 통치 이후 로마 제국은 점차 동서로 나뉘어졌다.

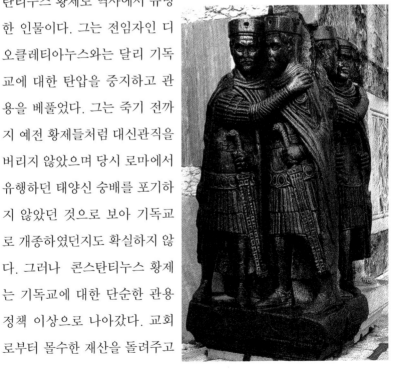

로마를 공동으로 통치한 디오클레티아누스 황제와 막시미아누스 황제. 뒤에는 두 명의 부제가 보인다.

디오클레티아누스 황제를 이어 제위에 오른 콘스탄티누스 황제도 역사에서 유명한 인물이다. 그는 전임자인 디오클레티아누스와는 달리 기독교에 대한 탄압을 중지하고 관용을 베풀었다. 그는 죽기 전까지 예전 황제들처럼 대신관직을 버리지 않았으며 당시 로마에서 유행하던 태양신 숭배를 포기하지 않았던 것으로 보아 기독교로 개종하였던지도 확실하지 않다. 그러나 콘스탄티누스 황제는 기독교에 대한 단순한 관용 정책 이상으로 나아갔다. 교회로부터 몰수한 재산을 돌려주고

교회 건물을 짓는 데 재정지원을 하는 등 친기독교적인 정책을 펼친 것이다. 예수가 십자가 처형을 당했던 곳에 세워진 예루살렘의 성묘 교회도 그의 지시에 의해 건립되었다. 그가 이

태양신과 콘스탄티누스 황제. 뒤쪽이 태양신이다. (4세기의 주화)

렇게 친기독교적인 태도를 보인 데에는 독실한 기독교도였던 모친의 영향이 컸다고 한다.[25]

콘스탄티누스 황제는 교회에 여러 가지 은전을 베푸는 것을 넘어서 교회의 일에 깊이 간섭하였다. 이단이라고 판정된 기독교도들을 정벌하기 위한 원정을 단행하기도 하였을 뿐 아니라 기독교의 정통교리를 확립하기 위한 니케아 공회의를 소집하고 그 회의를 주재하기도 하였다.

이러한 우호적 분위기 속에서 기독교는 수십 년 후인 392년 드디어 로마의 국교가 되었다. 원래 로마는 그리스와 마찬가지로 다양한 신들을 숭배하였으며 또 이민족들의 신들을 받아들였다. 어떤 종교든

---

25 시오노 나나미, 『로마인 이야기』 제13권 340-341쪽. 콘스탄티누스의 부친 콘스탄티우스는 그 상전인 막시미아누스 황제의 딸과 결혼하기 위해 미천한 출신의 헬레나와 이혼하였다. 헬레나가 콘스탄티우스의 모친이다.

국가에 위해를 끼치지 않는 한 관용하였다. 기독교의 경우에는 로마의 신들을 부인한다는 이유로 관용의 대상이 되지 못했으나 박해가 줄곧 계속되었던 것은 아니다. 기독교는 콘스탄티누스 황제에 의해 다양한 국가적 지원을 받기 시작하다가 테오도시우스 1세 (재위 : 378-395) 때 국교로 선포되었다. 이는 그리스-로마의 전통적인 종교들에 대한 박해가 시작되었음을 의미한다. 로마는 이교 신전을 파괴하고 그들의 축제를 탄압하였다. 또 로마의 수호신 가운데 하나인 베스타 신전의 불도 꺼버렸으며 처녀들로 이뤄진 그 사제단도 해산시켜 버렸다. 올림피아 경기도 이교적인 행사로 규정되어 중단되었다. 박해받던 기독교가 국가의 특혜를 받고 예전의 로마 국가종교가 탄압을 받는 주객전도가 일어난 것이다.

이 시기 이후 로마 황제는 대신관의 칭호를 포기하였다. 대신관은 로마의 공식적인 신들에 대한 제사의례를 관장하는 명예로운 직책으로 여겨졌는데 이제 이 이교적인 ― 물론 기독교의 입장에서 볼 때 그렇다 ― 직책은 황제로부터 분리되었다. 로마 시 지역 교회의 우두머리인 로마 주교가 이 칭호를 자신의 것으로 만들었다. 로마 주교는 더 나아가 예수의 수제자인 베드로의 계승자임을 내세워 기독교권 전체에 대한 지배권을 주장하게 된다. 중세 오랫동안 유럽에 권위를 떨친 교황권이 이렇게 해서 탄생하였다.

로마의 산타사비나
교회 내부. 5세기에
지어졌다.

기독교는 국교로 채택되면
서 그 위상이 엄청나게 달라
졌다. 국가로부터의 막대한
재정지원을 받는 것은 물론
이제 정신적 지배권을 행사
하게 되었다. 그러나 기독교
의 국교화가 로마의 쇠퇴를
막지는 못했다. 계몽주의 시대의 역사가답게 에드워
드 기번은 개인의 구원을 무엇보다 우선시하는 기독
교가 로마의 전통적인 시민정신을 약화시킴으로써
로마 멸망의 주요한 원인이 되었다고 지적하였다.[26]
기독교 신의 가호를 받았던 로마는 이교도이자 야만
족에 불과한 게르만 족의 침략 가운데 무너져 갔다.

---

26 기번의 『로마제국쇠망사』에 있는 유명한 부분을 소개해 보자면 다음과 같
다. "성직자들은 인내와 소극적 태도를 효과적으로 설교했다. 사회의 적극
적 덕성은 타기해야 할 대상으로 권장되었으며, 이렇게 되자 얼마 남지 않
은 군인 정신도 그나마 수도원에 묻히게 되었다. 허울 좋은 자선과 헌금의
요구를 채우기 위해 공, 사의 재산 중 상당 부분이 헌납되었으며, 군인들에
게 줄 봉급은 금욕과 정절만을 내세우는 무가치한 남녀 무리들을 위해 탕
진되었다. 신앙심, 열정, 호기심, 그리고 원한과 야심이라는 보다 세속적인
감정 때문에 신학논쟁이 불붙었다. 교회는 물론이고 국가까지도 비타협적
이고 때로는 유혈사태로 발전한 종교적 파벌의 싸움에 말려들었고, 황제의
관심은 전쟁터를 떠나 공회의에 쏠렸다. 로마 세계는 새로운 종류의 폭군에
의해 억압받게 되었고 박해받은 종파들은 나라의 은밀한 적으로 변해 갔
다." 발췌번역판 『로마제국쇠망사』 471쪽.

물론 이 시기에 망한 것은 로마 제국 전체가 아니다. 동서 로마 제국 가운데 서로마제국만 망하고 콘스탄티노플을 중심으로 한 동로마 제국 — 그 수도인 비잔티온의 이름을 따 비잔틴 제국이라고 불리게 된다 — 은 천년이나 더 살아남았다. 동로마 제국은 영토가 대부분 그리스어권이어서 공용어도 그리스어를 채택하였을 뿐 아니라 황제권도 동방 전제군주제와 유사한 양상을 띠어갔다. 7세기 비잔틴 제국의 헤라클리우스 황제는 이러한 방향으로 제도적인 개혁을 한 인물이다. 그는 황제를 칭하는 라틴어 명칭인 '아우구스투스' 대신에 '바실레우스' 라는 그리스어를 쓰도록 하였으며 주인主人을 뜻하는 '퀴리오스'를 사

옛 로마시의 중심지
포로 로마노 전경.

용하게 하였다. '퀴리오스'는 기독교에서 주님을 뜻하는 말이다. 원래 그리스어권에서는 황제를 뜻하는 라틴어인 '임페라토르'를 '아우크라토르'라고 번역하였는데 이 말은 다른 사람과 권력을 분점하지 않는 일인통치자를 의미한다. 의미로 보아서 전제군주에 가까운 이 칭호도 사용되었지만 바실레우스라는 용어가 헤라클리우스 황제 이후 오랫동안 널리 사용되었다. 바실레우스는 페르시아 왕에게 비잔틴 인들이 붙이던 칭호였다. 비잔틴 황제는 인민에 의해 선출되는 통치자라는 로마의 이상으로부터 상당히 멀어졌음을 이로부터 짐작할 수 있다.

반면 '카이사르'라는 칭호는 앞에서 말한 4세기 초의 디오클레티아누스 황제 때부터는 공동통치자인 부제를 의미하는 칭호였는데 이 칭호는 비잔틴 제국에서는 고위 관료에게 주어져 황제의 칭호와는 거리가 먼 것이 되었다. 그러다가 8세기 초 동로마 제국의 동맹 군주인 불가리아의 칸에게 부여되어 후에 러시아어의 '차르'라는 말의 기원이 된다.

여기서 잠깐 주의를 환기해야 할 사실은 비잔틴 제정이 전제정에 가까운 체제로 변해갔다고 해서 황제의 권력에 아무런 제한이 없었다고는 할 수 없다는 점이다. 비잔틴 제국에는 엄연히 법이 존재하고 있었고 황제가 이러한 법의 제한을 받았음은 물론이다. 그는 더 나아가 교회의 특권과 공회의의 결정을 존중해야 한다는 관습적인 제약도 받았다.

비잔틴 제정에서 특징적인 것은 국가와 교회의 관계이다. 서유럽에서는 황제와 교황의 권력이 나뉘어졌던 반면 비잔틴 제국에서는 황제가 교회의 우두머리였다. 비잔틴 교회의 우두머리인 콘스탄티노플 총대주교도 황제가 임명하였으며 공회의도 황제가 소집하였다. 또 공회의의 결의도 황제의 비준이 있어야 구속력을 가질 수 있었다. 한마디로 말해 비잔틴 황제는 성속의 모든 면에서 신의 대리자였다. 영국의 역사가 J. B. 베리는 그런 면에서 비잔틴 황제가 이슬람 칼리프와 같은 존재라고 하였다.[27] 그러므로 비잔틴 제국에서는 서유럽과 같은 교권과 제권의 갈등은 나타나지 않았다. 베리는 이 때문에 비잔틴 제국에서는 서구와 같은 정치이론도 발전하

비잔틴 제국의 유스티니아누스 황제상. 라벤나 교회당 모자이크 벽화의 일부.

27 J. B. Bury, *The Constitution of the Later Roman Empire*, 33쪽.

지 않았다고 덧붙인다. 매우 예리한 지적이 아닐 수 없다.

3. 중세 유럽의 기독교 군주

서유럽에서 로마 제국을 멸망시키고 그 자리를 차지한 것은 로마인들에 의해 야만족으로 멸시받던 게르만 인들이었다. 도시생활이나 체계적인 국가와는 거리가 멀었던 게르만 족은 로마 제국 말기에 제국의 영토 내로 밀고 들어와 약탈과 방랑 끝에 여러 곳에 정착하여 나라를 세웠다. 물론 이러한 나라들은 로마 제국처럼 정연한 법률과 제도를 갖춘 나라는 아니었지만 그 가운데에는 중세 초 유럽의 주요한 정치적 세력으로 부상한 나라들이 있었다. 갈리아(오늘날의 프랑스 땅) 남서부에 정착하였던 서고트 왕국, 이탈리아에 정착하였던 동고트 왕국과 롬바르디아 왕국, 갈리아 동부에 정착하였던 부르군디 왕국, 그리고 갈리아 북부에 정착하였던 프랑크 왕국 등이다.

이 가운데 가장 오래 존속하고 또 역사적으로 가장 중요한 역할을 하였던 것이 오늘날의 프랑스와 독일의 시원국가라 할 수 있는 프랑크 왕국이다. 라인 강 동쪽 연안 일대에 살던 프랑크 인들은 5세기 초 다른 게르만 부족들과 함께 라인 강을 건너 갈리아 북부를 침략하여 그곳에 정착하였다. 이 시기에 프랑크 인들이 어떤 정치적 조직을 갖고 있었던지 정확히 알 수 없다. 단지 살리 부족이 다양한 부족들의 무리를 지배하였으며 살리 부족의 우두머리들은 일반인들과는 달리 긴 머리를 길렀다는 것이 알려져 있다. 장발은 왕의 권위를 상징하는 것이었다. 살리 부족은 예전부터 로마의 동맹(푀데라티)으로서 상당한 부를 획득하였는데 수장들의 무덤에서 발견된 무기와 보석, 주화 등이 그것을 입증해 준다.[28]

갈리아 지방에 정착할 당시 프랑크 족의 왕들은 다른 게르만 족의 왕들처럼 무엇보다도 군사적 수장이었다. 왕은 전사로서 전투에 직접 참여하였다. 갈로-로마인들이 사는 도시를 함락하여 그들에게서 약탈한 물건을 전사들이 나눠가졌는데 그 배분은 상당히 평등하였다. 은그릇을 평등하게 나눠가지기 위해 그것을 똑 같은 크기의 사각형으로 자른 것이 오늘날 유물로 남아 있다. 그러나 갈리아 정착 때부터 프랑크 족 수장의 권위는 강화되기 시작하였다. 당시의 우두머리였던 클로비스는 자신의 전리품 분배 방식에 반기를 든 전사를 도끼로 내

---

28 패트릭 기어리, 『메로빙거 세계』 118쪽.

리쳐 살해하였다.[29] 이는 왕권이
예전과 달라지기 시작하였음을
드러낸다. 클로비스는 또 로마

클로비스의 세례식
(상아조각, 9세기)

인들을 모방하여 라틴어로 된 법전을 간행하였다.(살
리카 법전) 클로비스는 그의 말년에 프랑크 왕권의 성
격을 완전히 바꾸어 버렸다. 프랑크 부족장들의 동
맹을 없애고 자신의 가문만이 왕권을 차지하게 만들
었다.[30] 아마 그는 자신의 권위에 도전할 만한 친척
들을 모두 제거해 버렸을 것이다.

상당히 잔혹하고 교활했던 클로비스는 왕권의 강
화를 위해 종교를 이용하기를 주저하지 않았다. 그
는 가톨릭을 받아들여 영세를 받았다. 그것도 자기
만이 아니라 3천 명의 병사들과 함께![31] 이는 개인의
내면적 확신에서 나온 개종이라기보다는 정치적 성
격이 농후한 집단적 개종이었음을 의미한다. 주민의

---

29 피터 브라운, 『기독교 세계의 등장』 139-140쪽. 이 일화는 '수아송의 물병
   사건'으로 알려져 있다. 스와송의 교회에서 약탈한 물건들을 클로비스는
   주교에게 되돌려 주기 위해 다른 전리품들과 구분하여 따로 챙겨두었다. 그
   러나 한 전사가 나서 "당신은 당신에게 정당하게 배분된 몫 말고는 어떠한
   전리품도 손댈 수 없다."고 하면서 물병을 내리쳤다. 얼마 후 클로비스 왕은
   열병 중에 그 사람을 도끼로 내리친 후 "이것은 네가 수아송에서 내 물병을
   부순 데 대한 벌이다."라고 하였다.

30 앞의 책, 141쪽.

31 앞의 책, 143쪽.

다수가 믿는 종교로 개종함으로써 프랑크 왕의 통치가 수월해졌을 것은 말할 나위도 없다. 외부로부터 들어온 이질적 정복자 집단의 우두머리인 프랑크 왕이 무리 없이 통치하기 위해서는 무엇보다 갈로-로마인 귀족들의 협조가 절대적으로 필요했기 때문이다. 실제로 그가 개종하기 전에도 갈로-로마인 귀족들은 그에게 기독교도 로마인들의 공동체를 위해 일해 줄 것을 간청하였다. 클로비스에게 보낸 서한에서 그들은 "주교들을 존중하고 그들과 뜻을 같이 하는 즉시 당신의 영토는 번영할 것입니다."라고 이교도 왕이 교회를 존중할 경우 그의 통치에 대해 협력할 것임을 표명하였다.[32] 클로비스의 개종은 정치적으로 대단히 현명한 일이었다.[33]

가톨릭 신자가 된 클로비스 왕은 교회 일에도 적극 관여하였다. 예를 들어 그는 교회에 관련된 여러 가지 문제들을 결정하기 위해 주교단을 소집하였다.(511년의 오를레앙 주교회의) 주교는 지방 주요 도시 교회의 책임자를 말하는 것으로 로마 제국이 붕괴 됨으로써 권력 공백사태가 초래된 중세 초에는 주민들에 대한 행정권력도 행사하고 있었다. 주교의 그리스어 '에피스코포스'는 '감독'이라는 뜻이다. 영어는 'bishop'이

---

32 패트릭 기어리, 『메로빙거 세계』, 120쪽.

33 피터 브라운, 『기독교 세계의 등장』 144쪽. 개종한 클로비스는 기독교의 신이 전쟁에서 자신의 편이 되어줄 것을 기대하였다. 교회 역시 가톨릭으로 개종한 클로비스의 전쟁을 축성해주었다.

다. 이러한 권한을 가진 주교들의 회의에서 성직자들과 교회 재산에 대한 면세특권 부여, 교회에 대한 성소의 지위부여 등 가톨릭 교회에 대한 우대 조항들이 의결되었다. 오를레앙 주교회의는 게르만 족의 정치적 이해를 대변하는 프랑크 왕국과 로마 문명의 전통을 계승한 교회 사이의 첫 번째 협정이라고 할 만한 것이다.

　프랑크 왕의 입장에서 볼 때 국가의 통치를 위해서는 가톨릭 교회로 대변되는 로마 문명의 유산을 이용할 필요가 있었다. 통치를 위해서는 글을 읽고 쓸 줄 아는 사람이 있어야 되는데 프랑크 인 귀족들에서는 그런 사람은 찾아보기 힘들었다. 교회의 성직자들이 바로 그런 능력을 갖춘 사람들이었다. 프랑크 왕들이 교회와 손을 잡은 것은 통치를 위해 필요한 일이었다. 교회는 "왕의 영토와 왕국은 신이 내린 것"으로 신성화함으로써 왕권을 뒷받침하였다. 프랑크 왕들이 자신들의 든든한 후원자가 된 교회에 막대한 선물을 안겨주었던 것은 전혀 놀랄 만한 일이 아니다. 특히 수도원이 그 수혜자가 되었는데 파리 지역의 유명한 생드니 수도원은 클로비스의 후손인 다고베르트 왕으로부터 많은 땅을 받았다.[34] 다고베르트 왕은

---

34 성디오니시우스(프랑스어로는 '생드니')는 3세기 파리의 주교였다. 데키우스황제의 기독교 박해 때 순교하였는데 생드니 수도원은 그가 순교한 곳에 세워졌다. 참수되어 목이 달아났는데 그 때문에 그의 상은 머리가 없고 머리를 손에 들고 있다.

또 왕의 관리들이 간섭하지 못하도록 이 수도원에 불입권(임뮈니타스)을 부여하였다. 물론 생드니 수도원의 수도사들은 끊임없이 왕과 그 가족을 위해 신에게 기도하는 역할을 맡았다. 다고베르트 왕은 자신이 애호하던 이 수도원에 묻혔는데 10세기 이후 대부분의 프랑스 왕과 그 가족이 그의 뒤를 따름으로써 생드니 수도원 교회는 프랑스 왕가의 묘지가 되었다.

클로비스 왕으로부터 시작된 교회에 대한 우대정책은 로마 교황의 보호자 노릇으로 확대되었다. 8세기에 프랑크 왕국의 메로빙 왕조 — 클로비스 왕의 후손으로 그 시조인 메로베의 이름을 따라 메로빙 왕조라고 한다 — 의 왕들은 명목만의 왕으로 전락하고 실권은 궁재宮宰major-domo들이 차지하고 있었다. 궁재는 원래는 궁정의 집사로서 궁정 살림과 왕령지를 관리하는 존재였지만 그 권력이 강화되어 실질적인 권력을 휘두르게 되었다.[35] 유력가문인 카롤링 가문이 그 직을 독차지하였다.[36] 그 가문의 카를로만은 자신의 집안 사람들이 사용하던 '프랑크 인들

---

35 메이어스는 메로빙 시대의 궁재가 일본의 쇼군과 같았다고 한다. H. Meyers, *Medieval Kingship*, 99쪽.

36 카롤링 가문은 8세기 초반 궁재를 역임하였던 '망치' 카롤로스 즉 카를 마르텔로부터 온 이름이다. 이 가문에서 처음으로 오스트라시아(프랑크 왕국이 나뉘어진 분국) 왕국의 궁재가 된 것은 그의 선조인 페핀 1세(580-640)였다. 그런데 페핀 1세는 그 딸을 당시의 유력자이자 자신의 친구인 메쓰 주교 아르눌프의 둘째 아들과 결혼시켰다. 카롤링거 가문은 정확히 말해 이 둘째 아들 안세기셀의 후손이다.

의 지도자dux Francorum'라는 칭호 외에도 '프린켑스'라는 칭호를 사용하였다. 여기서 프린켑스는 통치자라는 의미를 띠고 있다. 그 아들 페핀 — 페핀 1세와 구분하기 위해 '소小페핀'이라고 불린다 — 은 허울뿐인 왕을 폐위시키고 자신이 왕이 되었다. 그는 자신의 찬탈을 정당화하기 위해 먼저 가톨릭 교회의 교황을 이용하였다. 찬탈자였던 페핀에게는 교황의 종교적 권위가 필요하였던 것이다. 아버지에게서 아들로 왕권이 이어지는 것이 신성한 관례였는데 메로빙 가문의 아들이 아닌 그가 자신의 찬탈을 신의 뜻으로 인정 받은 것이다. 교황은 구약성서에 나오는 도유식을 페핀 왕에게 행함으로써 페핀은 그의 권력이 프랑크 귀족들로부터 온 것이 아니라 신의 뜻으로부터 나온 것으로 주장할 수 있게 되었다.

페핀 왕은 이러한 교황의 호의에 대해 행동으로 보답하였다. 즉 당시 교황은 게르만 족의 일파였던 롬바르드(랑고바르드) 족으로부터 위협을 받고 있었는데 이탈리아에 대한 명목상의 지배권을 갖고 있던 동로마 황제는 교황을 도울 형편이 아니었다. 그래서 교황은 프랑크 왕국의 새로운 왕 페핀에게 도움을 호소하였다. 페핀은 세 차례에 걸쳐 이탈리아 원정을 감행하여 롬바르드 족이 빼앗아간 라벤나와 아드리아 해안의 '펜타폴리스'(다섯 개의 도시) 등을 교황에게 기증하였다. 이것이 역사에서 유명한 '페핀의 기증'으로서 중세 교황령의 기원

샤를마뉴의 청동기
마상 (9세기, 루브르
박물관)

이 된다. 페핀 왕의 로마 교황과
의 돈독한 협력정책은 그의 후
손들에게 그대로 계승되었다.
그래서 프랑크 왕국과 그 뒤를
이은 프랑스 왕들은 교회의 맏
아들로서 '신성한 어머니'인 로
마 교회를 수호하는 역할을 맡
게 되었다.

  페핀의 아들인 카를로스 왕(재
위 768-814)도 그러한 정책을 흔
들림 없이 수행하였다. 그 때문에 가톨릭 교회 인사
들은 그를 '위대한 카를로스'(샤를마뉴)라고 불렀다.
샤를마뉴는 다른 게르만 족들을 쳐서 복속시킴으로
써 프랑크 왕국의 영토를 크게 확장하였다. 오늘날
의 독일과 이탈리아는 말할 것도 없고 엘베 강 동쪽
의 슬라브 족 땅까지 복속시켰다. 작센 족에 대한 전
쟁은 무려 30년이나 끌었는데 왕이 직접 전투에 참
여하였다. 샤를마뉴 역시 부왕처럼 롬바르드 인들
의 침략에 직면한 하드리아누스 교황이 도움을 요청
했을 때 롬바르드 인들을 격파하고 교황을 위협에서
건져 주었다. 또 로마인들로부터 신변의 위협을 받

았던 다음 교황 레오 3세도 그의 도움으로 목숨을 건졌다. 이렇게 큰 은혜를 입은 교황 레오 3세는 800년 크리스마스 날 로마의 성베드로 성당에서 샤를마뉴를 '로마 황제'로 대관하였다. 로마제국은 사라지고 없었지만 이 때문에 샤를마뉴는 신에 의해 임명된 로마 황제로 자처하였다. 중세의 괴상한 국가 신성로마제국은 이로부터 기원하였다.

교황에 의해 황제가 한 사람 새로 생겨났기 때문에 비잔틴 황제와 프랑크 왕국이 갈등을 빚었다. 당시 비잔틴 제국 황제는 이 새로운 황제를 인정하지 않았다. 다른 곳은 몰라도 이탈리아의 경우 프랑크 왕과 비잔틴 황제가 충돌할 여지가 없지 않았다. 당시 베네치아, 나폴리, 브린디시 등은 비잔틴 제국의 영토였다. 특히 시민들이 친프랑크 파와 친비잔틴 파로 나뉘어 싸웠던 베네치아가 문제였는데 이 때문에 양측 사이에 전쟁이 벌어져 결국은 비잔틴 황제가 베네치아에 대한 주권을 유지하는 대신 프랑크

샤를마뉴의 상을 새긴 은화 (9세기). 프랑크 왕의 모습이 아니라 로마 황제의 모습으로 그려져 있다. 명문의 오른쪽 글자 'IMPAUG'는 'IMPERATOR AUGUSTUS'의 약어로 로마 황제의 칭호이다.

왕을 서로마 황제로 인정하는 것으로 타협이 이뤄졌다.

프랑크 인들은 다른 게르만 족과 마찬가지로 국가에 대한 관념이 아직도 유치하였다. 국가를 공적인 기구라고 보지 않고 왕의 사유물로 생각한 것이다. 그리하여 왕은 아들들에게 왕국을 재산을 분할해주듯 나눠주었다. 샤를마뉴도 부왕인 페핀 왕이 죽자 동생 카를로만과 왕국을 나누어 가졌다. 그러나 샤를마뉴는 운이 좋았다. 카를로만이 얼마 있지 않아 죽었기 때문이다. 샤를마뉴에게는 자식이 많았다. 정식 결혼만 네 번이나 했고 첩이 여섯 명이었다. 그 여자들 사이에 무려 20 명의 아이들이 태어났으나 적자는 네 명에 불과하였다. 그는 생전에 이 적자들을 왕으로 삼았다. 둘째 카를로스는 프랑크 왕으로, 셋째 카를로만은 이탈리아 왕으로, 넷째 루이는 아키텐 왕이 되었다.[37] 동생들과는 달리 첫째 부인에게서 난 장자인 '곱사등이 페핀'은 신체불구였을 뿐 아니라 불만을 품은 귀족들에 의해 이용되는 바람에 상속으로부터 제외되었다. 실제로 샤를마뉴와 왕비 그리고 그 아들들을 죽이고 곱사등이 페핀을 왕위에 앉히려는 음모가 진행되다 발각되는 바람에 곱사등이 페핀은 수도원에 들어가 일생을 마쳤다. 샤를마뉴의 둘째와 셋째는 모두 샤를마뉴보다 일찍 죽었다. 그리하여 프랑크 제국의 영토는 모두 넷째인 아키텐 왕 루이에게 넘어갔다. 루이

---

37 아키텐은 예전에 서고트 인들이 자리 잡았던 프랑스 남서부 지방이다.

<카롤링 왕조 가계도>

페핀 단구왕(714~768)
프랑크왕

샤를마뉴(742~814)　　　카를로만(751~771)
신성 로마제국 황제

곱사등이 페핀　카를로스(772~811)　카를로만(777~810)　루이 경건왕(778~840)
(769~811)　　　프랑크왕　　　　이탈리아 왕　　　신성 로마제국 황제

로타르(795~855)　페핀(797~838)　루이 독일왕(805~875)　샤를 대머리왕(823~877)
이탈리아 왕　　　아키텐왕　　　동프랑크 왕　　　　서프랑크 왕
신성 로마제국 황제

* 연도는 생몰년도

는 매우 경건한 사람이라서 역사가들은 그를 '루이 경건왕'이
라고 부른다.

　루이 경건왕은 왕위 계승 문제로 혼란이 일어나지 않게 하
기 위해 817년 왕국의 상속을 결정한 칙령을 반포하였다. 장
자인 로타르를 공동황제로 삼아 프랑크 제국의 황제권을 넘겨
주기로 약속하였다. 둘째 페핀은 아키텐 왕으로, 막내인 루이
는 바이에른 왕으로 임명하였다. 조카인 베르나르에게는 이탈
리아 왕위를 주었다. 그러나 루이 경건왕이 제국을 분할하려
고 한 것은 아니다. 제국의 통치를 원활히 하기 위해 아들들을
분봉왕으로 임명하였을 따름이다. 분봉왕들은 황제에 대해 복

종의 의무가 있었다.

그런데 문제가 일어났다. 그 다음 해에 왕비가 죽은 것이다. 사람들의 권유로 둘째 왕비를 얻었는데 여기서 아들인 샤를이 태어났다. 왕은 어린 아들을 알레마니아 왕으로 봉했는데 알레마니아는 독일 남서부의 상당 부분을 포함한 지역이다. 첫째 부인에게서 난 아들들이 반발하였다. 그래서 아들들과 아버지 사이에 내전이 벌어졌다. 840년 루이 경건왕이 죽고 형제들 간의 타협이 이뤄졌다. 이것이 유명한 베르덩 조약이다. (843년) 장자인 로타르는 중부 왕국을 차지하고 루이 독일왕에게는 동프랑크 왕국을, 그리고 이복동생 샤를 대머리왕은 서프랑크 왕국을 각각 차지하였다. 장자는 황제의 칭호를 유지하였으나 동생들의 영토에 대해서는 권력을 행사할 수 없는 명목만의 칭호였다. 중부 왕국

843년 베르덩 조약으로 분할된 프랑크 제국.

의 알프스 이북 부분을 '로타르의 땅'이라는 뜻으로 '로타링기아'라고 하였는데 이 땅은 결국 로타르 후손의 손을 벗어나 동프랑크 왕국의 판도 하에 들어가게 되었다.[38] 이후 프랑크 제국의 영토는 하나로 합쳐지지 못하고 프랑스와 독일의 서로 다른 나라로 완전 분리되었다.

프랑스와 독일은 9세기 후반 카롤링 가문에 의한 프랑크 왕국의 이러한 분할로부터 기원하였다. 서프랑크 왕국에서는 카롤링 가가 단절되고 파리 지역의 실력자인 로베르 가문의 후손들이 왕위를 차지하였다.[39] 이것이 카페Capet 왕조이다. 카페 왕가의 권력은 파리로부터 오를레앙에 이르는 일드프랑스 ─ 일드프랑스는 우리 나라의 경기도에 해당하는 파리 주변 지역이다 ─ 를 넘어서지 못했다. 왕국의 다른 지방들은 모두 기세등등한 봉건 영주들이 다스렸기 때문이다.

동프랑크 왕국의 왕들은 차츰 자신들을 신성로마 황제라고 부르기 시작하였다. 그러나 명칭과는 달리 신성로마제국 황제의 통치영역은 독일과 북부 이탈리아에 한정되었다. 또 신성로마제국은 하나의 국가라기보다는 다양한 부족국가들과 도시들의 연합체로 황제는 그 대표자에 불과하였다. 황제에게

---

38 독일말로 '로트링겐', 프랑스의 '로렌'이라는 지방명은 이로부터 나왔다.

39 서프랑크의 유력한 귀족 강건백 로베르는 센 강을 거슬러 올라온 바이킹을 무찌르는 데 큰 공을 세웠다. 카페 왕가의 시조라 일컬어지는 위그 카페는 바로 이 사람의 자손이다.

카페 왕조의 이름은 987년 프랑스 왕위에 오른 그림 속의 인물 위그 카페로부터 나왔다. 카페 왕가는 운이 좋게도 1328년까지 대가 끊기지 않았다. 프랑크 왕국 때부터 프랑스의 왕위는 아들을 통해서만 계승되었다.

는 직할영지가 거의 없었다. 또 신성로마제국의 황제는 제후들에 의해 선출되었다. 세습이 보장되지 않았다. 다시 말해 오늘날의 대통령처럼 선거를 통해 왕이 되는 것이었다. 선거제 때문에 황제 선거에 출마하는 사람은 유권자인 제후들의 눈치를 보아야 한다. 유권자인 선제후들을 자신의 편으로 끌어들이기 위해서 뇌물을 건네는 경우도 많았다. 신성로마제국 황제의 권력이 강해질 수 없었던 또 다른 이유이다.

1356년 독일의 제국회의 - 신성로마제국 제후들의 회의 - 는 황제의 선출절차를 세세하게 규정한 칙서를 반포하였다. 여기서는 7 명의 제후만이 선거권을 갖도록 명문화하였다. 그 가운데 세 명은 독일의 주교였다. 이들은 신분이 성직자인 주교이지만 한 도시를 통치하는 군주였다. 마인츠 주교는 독일을 대표하는 사람으로, 트리어 주교는 갈리아와 부르고뉴(부르군디)를 대표하는 것으로, 또 쾰른 주교는 이탈리아를 대표하는 사람으로 규정하였지만 실제와는 거리가 멀었던 것은 말할 필요도 없다. 이 주교들의 통치권은 해당 도시를 벗어나지 못했다.

15세기 중엽 이후 이 국가의 원수인 신성로마제국 황제직은 대부분 오스트리아의 합스부르크 가문이 차지하였다. 근대 유럽의 정치를 좌우하는 유럽 제일의 왕가로 발전하게 되는 합스부르크 가문은 원래 오스트리아 출신은 아니다. 스위스 북부의 한 주(칸톤)인 아르가우 주에 위치한 합스부르크 성에서 이 가문의 이름이 유래하였는데 이 성을 중심으로 한 라인 강 상류 지역이 합스부르크 가문의 원래 영지였다.

합스부르크 가가 독일의 정치에서 갑자기 부상한 것은 슈바벤 공작의 가신인 합스부르크 백 루돌프가 1273년 신성로마제국 황제로 선출되면서였다. 황제로 선출된 루돌프는 자신의 경쟁자였던 보헤미아 왕 오타카르 2세의 땅을 빼앗았는데 그 땅이 오스트리아에 위치해 있었다. 스위스 칸톤들과 분쟁을 겪은 후 합스부르크 가문은 스위스에서 기반을 상실하였다. 반면 14세기에 획득한 오스트리아 영토는 합스부르크 가문의 세력 확대를 위한 발판이 되었다. 향후 합스부르크 가는 오스트리아 합스부르크로 불리게 되었고 이 가문이 신성로마제국뿐 아니라 동유럽의 상당한 부분을 일차대전시까지 지배하게 되었다.

중세 유럽의 군주들은 클로비스나 샤를마뉴처럼 기독교 교회를 수호하고 그 가르침을 실천하는 기독교 군주로 자처하였다. 적어도 이론상으로는 그러하였다. 중세 유럽의 군주를 이렇게 정의할 때 그 이상에 가장 가까웠던 왕 가운데 한 사람이 프랑스의 루이 9세(재위 1226-1270)였다. 신앙심이 깊었을 뿐 아니라 백성들을 사랑하고 공의를 베푸는 데 힘을 쏟았던 왕으로 칭송을 받았던 인물이다. 교회의 부름에 따라 두 차례나 십자군 원정에 나갔다. (7차와 8차) 처음에는 성지에서 포로로 잡혔다가 풀려났으며 두 번째 원정에서는 열병에 걸려 북아프리카 땅에서 병사하였다.

죽은 후 가톨릭 교회에 의해 성인의 반열에 오른 루이 9세의 생애를 그린 그림. 수도사에게 식사를 대접하는 모습, 나병환자들의 발을 씻겨주는 모습, 채찍으로 맞으며 죄를 회개하는 모습도 보인다. (『프랑스 대연대기』 속의 그림)

그는 또 막대한 돈을 주고 예수와 연관된 성유물을 사들였다. 예수가 달린 십자가 나무 조각과 가시면류관이 그것인데 이 유물들을 보관하기 위해 왕궁 내에 화려한 성당을 지었다. 파리에 있는 생트샤펠 성당이 그것이다. 교회에 대한 충성은 유태인에 대한 비인간적인 박해로 이어졌다. 십자군 자금을 마련하기 위해 고리대에 종사하는 유태인들의 재산을 몰수하였으며 또 유태인들의 경전인 탈무드를 수거하여 불에 태워 버리기도 하였다. 가톨릭 교회가 보기에는 매우 모범적인 왕이 아닐 수 없다. 그래서 가톨릭 교회는 그를 성인 반열에 올렸다.[40]

중세의 왕은 신의 뜻을 대변하는 사람이었다. 중세인들은 왕이 신성한 자로서 보통 사람이 갖지 못한 신비한 능력을 갖고 있다고 믿었다. 그러한 신비한 능력 가운데 하나가 병자를 치유하는 능력이었다. 중세의 왕들이 나병 환자를 고쳤다든지 연주창 환자를 고쳤다든지 하는 이야기는 흔한 이야기였다.[41] 영국와 프랑스의 경우 대관식에서 연주창 환자들을 치유하는 신유의식이 거행되기도 하였다. 왕은 기적을 행하는 사람이었다.[42]

왕은 또 전사였다. 중세 유럽에서는 시간이 가면서 전사계급과 일반 평민들의 구분이 점점 확연해졌다. 전사계급은 공동체를 보호하고 싸우는 일을 전담한다는 명분하에 왕으로부터 봉토를 받고 농민을 지배하는 지배계급이 되었다. 중세의 봉건영주들은 이로부터 기원한다. 중세의 전사들은 말을 타고

---

40 프랑스 왕들 가운데서 루이 9세는 유일하게 성인이 된 사람이다.

41 연주창連珠瘡(écrouelles, 라틴어로는 scrofula)은 임파선에 결핵균이 침투하여 일어나는 질병으로서 중세기에 아주 흔했던 병이다.

42 왕의 신유능력에 대한 믿음은 오랫동안 유지되었다. 근대에도 신유의식이 지속되었는데 프랑스의 경우 혁명 이후에도 그 의식이 행해졌다. Marc Bloch, *Les rois thaumaturges*, 402-403쪽.

전투를 하는 기사equites였다. 중세 유럽의 왕은 바로 이러한 기사들 가운데 으뜸가는 기사이다. 유럽의 왕들이 기사들간의 실제 전투와 유사한 경기인 마상 창시합에 나가 다른 기사들과 겨룬 것은 이러한 기사로서의 성격 때문이다. 왕국의 제일가는 기사로서의 왕에 대한 관념은 아더 왕의 전설 등 중세 기사들의 이야기에 고스란히 남아 있다.

기사계급의 우두머리라는 봉건적 군주 관념과 관료기구의 정점에 위치한 통치자로서의 근대적 군주 관념은 전혀 다른 것이다. 시간이 흐르면서 후자의 근대적 군주관이 여러 곳에서 나타났다. 프랑스의 경우 필립 4세 (별명 미남왕, 재위 1285-1314) 대에 가서 그러한 발전이 시작되었다고 역사가들은 지적한다. 필립 미남왕은 전문적인 법률 지식으로 무장한 법률가들의 도움을 받아 통치하였으며 왕국의 도처에 왕의 관료들을 파견하였다. 필립 4세 때에는 '국민적 이익'이라는 관념도 뚜렷해졌다. 성직자에 대한 과세 문제를 놓고 왕이 교황과 충돌하였는데 왕은 국민들의 지지 확보를 위해 국민의 대표들을 불러 모아

마상창시합은 종종 치명적인 결과를 초래하기도 하였다. 관람석에서는 귀부인들이 이 위험한 시합을 관전하였다.

회의를 개최하였다. 이것이 삼부회États généraux라는 중세 프랑스 의회의 기원이다. 물론 당시의 삼부회는 프랑스 왕국의 고위성직자들과 귀족들, 파리의 유력시민 등 국민의 상층부에 해당하는 사람들로 구성되었기 때문에 오늘날의 의회와는 구성이나 성격이 달랐지만 국민들의 의견을 대변하는 기관으로 여겨졌다.

이론상으로는 중세 유럽의 군주들은 대부분 교회를 보호하고 교회의 가르침을 따라야 하였다. 그러나 현실은 달랐다. 앞에서 말한 필립 미남왕은 성직자들에 대한 과세 문제로 교황과 심한 갈등을 빚었다. 당시 교황 보니파키우스 8세는 세속적인 영역에서는 국왕의 우위를 인정했으나 정신적인 영역에서는 교황의 우위를 양보할 생각이 조금도 없었다. 필립 미남왕은 자신의 심복을 보내어 교황 보니파키우스 8세를 감금하였으며 그를 뒤이은 교황을 자신의 꼭두각시로 만들어버렸다. 교황청도 프랑스 땅에 가까운 아비뇽 – 오늘날에는 프랑스 땅이지만 나폴레옹 시대까지 교황청의 영지였다 – 으로 옮겨가 오랫동안 프랑스 왕의 정치적 영향 하에 놓이게 되었다. 이것이 유명한 '교황청의 아비뇽 유수'(1309-1377)이다. 교황이 아비뇽에서 프랑스 왕의 포로로 지냈다는 뜻이다.

필립 4세 이전에도 교황과 심각한 갈등을 빚은 군주들이 더러 있었는데 그 가운데 역사상 유명한 인물이 신성로마제국

황제 프리드리히 2세(재위 1220-1250)였다. 시칠리아 왕국 － 시칠리아 왕국은 신성로마제국의 영토 내에 들어 있지 않았다 － 의 왕이기도 하였던 프리드리히 2세는 교회의 지시를 그대로 따르지 않았다. 심지어 그는 교회의 신조에 대해 공공연하게 회의를 드러내기도 하였다. 이탈리아를 놓고 신성로마제국 황제로서 교황들과 치열하게 싸웠으며 십자군 원정에 나가서도 전투보다는 술탄과의 교섭에 치중하여 교황청의 분노를 자아내었다. (하지만 교섭의 결과 예루살렘을 얻어내었다) 이러한 행동 때문에 여러 차례에 걸쳐 교황으로부터 파문을 당했다. 그는 중세 유럽에서는 아주 특이하게도 이슬람에 관심이 많았으며 시칠리아에 사는 회교도들에게 관용을 베풀었다. 학문과 예술에도 관심이 많아 시칠리아의 팔레르모 궁정에 여러 나라의 학자들을 초빙하였으며 스스로도 여러 언어를 공부하고 과학실험을 행하기도 하였다.[43]

필립 미남왕이 보낸 병사들에 의해 체포되는 교황 보니파키우스 8세. 왕과 교황 사이의 심각한 갈등을 드러내고 있다.

---

43 이탈리아의 남단에 위치한 시칠리아 섬은 9세기에 북아프리카 회교도들(사라센)의 수중으로 넘어갔다. 11세기 후반 프랑스 노르망디의 기사들이 순례 길에 이탈리아에 들렀다가 이탈리아 인들로부터 시칠리아 정복의 제

사상적으로나 문화적으로 시대를 앞섰던 이 프리드리히 2세는 정치적으로도 시대를 앞서 간 인물이다. 그는 자신의 시칠리아 왕국에서 봉건영주들의 세력을 억누르고 시칠리아를 통일된 법과 제도를 갖춘 중앙집권적 왕정국가로 만들었다. 더 나아가 이러한 시칠리아 왕국을 기반으로 이탈리아를 정치적으로 통일하기 위한 시도를 하였으나 그 뜻을 이루지 못했다. 교황도 중요한 적이었지만 무엇보다 북부의 도시들이 동맹을 결성하여 황제의 시도에 맹

프리드리히 2세가 저술한 매사냥 책에 실린 그림.

안을 받았다. 탕크레드 가문의 여러 아들들이 중심이 된 노르망디 기사들은 회교도들과 무려 30년간 전쟁을 하여 이 섬을 정복하는 데 성공하였다. 이 탕크레드 가문에서 시칠리아 섬의 지배자가 나왔는데 처음에는 시칠리아 백이라고 불리다가 후에는 시칠리아 왕의 칭호를 얻었다. 이 가문의 딸인 콘스탄스가 독일 호엔슈타우펜 왕가의 왕자인 하인리히 6세 (당시 독일 왕과 이탈리아 왕을 겸했다)와 혼인함으로써 시칠리아 왕국의 통치권은 탕크레드 가문에서 호엔슈타우펜 가로 넘어갔다. 시칠리아 왕이자 신성로마 제국 황제인 프리드리히 2세는 바로 이 두 사람의 아들이다. 노르망디 기사들이 회교도들로부터 시칠리아 섬을 빼앗아낸 것은 수백년 동안 회교도들의 끊임없는 해적질과 침략에 시달려온 이탈리아 인들의 입장에서 볼 때는 엄청난 쾌거였다. 시칠리아의 노르만 왕조는 시칠리아에 정착해 살고 있는 회교도들에 대해 대단히 관용적인 정책을 펼쳤는데 이는 당시 유럽에서는 매우 이례적인 것이었다. 중세 회교도들의 해적질과 노르망디 기사들의 시칠리아 섬 탈환과 그 지배에 대해서는 시오노 나나미,『로마 멸망 이후의 지중해 세계』상권 참조.

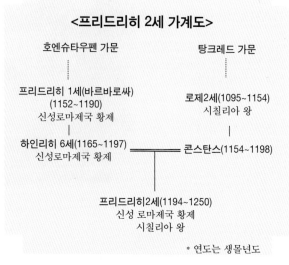

<프리드리히 2세 가계도>

호엔슈타우펜 가문   탕크레드 가문

프리드리히 1세(바르바로싸)
(1152~1190)
신성로마제국 황제

로제2세(1095~1154)
시칠리아 왕

하인리히 6세(1165~1197) ——— 콘스탄스(1154~1198)
신성로마제국 황제

프리드리히2세(1194~1250)
신성 로마제국 황제
시칠리아 왕

* 연도는 생몰년도

럴하게 저항하였기 때문이다.[44]

신성로마제국의 프리드리히 2세나 프랑스의 필립 미남왕 같은 군주들은 국가적 이익 (혹은 개인적 이익)을 위해서는 교회와의 충돌도 꺼리지 않을 정도로 확실히 시대를 앞서간 군주

---

[44] 프리드리히 2세의 이탈리아 통일 시도와 그 좌절에 관해서는 저명한 마르크스주의 역사가의 한 사람인 페리 앤더슨이 그의 저서 『절대주의 국가의 계보』에서 설득력 있게 분석하였다. 미국 역사학자 에드먼드 스틸먼의 평가도 비슷하다. 그의 평가를 그대로 옮겨보면 다음과 같다. "프리드리히는 최초로 유럽 세속 국가를 건설했고, 법전을 편찬했으며, 상업활동을 규제하는가 하면, 정치적 이해관계에 근거한 활동을 장려했다. 또 그는 중세의 몽매주의와 교회의 허장성세에 결연히 도전장을 던졌다. 그러나 이런 업적들은 그의 사후 오래 유지되지 못했다." 「'세계의 경이' 프리드리히 2세」 윌리엄 랭어 편, 『호메로스에서 돈키호테까지』 291-292쪽.

라고 할 수 있을 것이다. 그러나 군주들이 중세적 이념으로부터 완전히 벗어나기는 힘들었다. 공적인 조직으로서의 국가에 대한 관념이 아직은 충분히 발전하지 못했기 때문이다. 아직도 국가의 영토를 왕가의 사유재산으로 여기는 일이 빈번하게 벌어졌다. 현대인들의 눈으로 볼 때 공公과 사私가 마구 혼동된 셈이다. 왕이 자식들에게 왕국의 영토를 상속재산으로 분배해주고 공주가 시집갈 때 영토의 일부를 지참금으로 주는 경우도 적지 않았다. 이 때문에 영토상의 변화가 빈번하여 근대 국가와 같은 고정된 영토 관념이 부재하였다.

이러한 중세적 관념이 낳은 재미난 결과의 하나가 '앙주 제국'이다. 앙주는 프랑스의 루아르 강 주변의 한 지방 이름이다. 그곳의 영주 앙주 백(백伯은 지방장관을 일컫는 명칭이다) 조프루아가 영국 왕 윌리엄 1세의 손녀인 마틸다와 결혼했는데 그들 사이에서 난 아들이 헨리 2세이다. 헨리 2세는 프랑스에 있는 부계의 영토(앙주, 멘) 뿐 아니라 모계의 영토인 영국의 왕위와 그에 속한 노르망디를 상속하였다.[45] 헨리 2세는 억세게 운이 좋은 남자였다. 부인 역시 프랑스 아키텐 공령의 상속녀였다. (아키텐 공작의 딸 알리에노르) 부인 덕에 아키텐과 가스코

---

45 노르망디는 노르망디 공 윌리엄 1세가 통치하던 프랑스의 한 지방이었지만 윌리엄이 영국을 무력으로 정복하고 영국 왕이 됨으로써 영국 왕의 통치권 하에 들어갔던 것이다. 그래서 영국왕 윌리엄 1세는 노르망디 공작이기도 하였다. 노르망디 공작으로서 그는 프랑스 왕을 상전으로 받들어야 하였다.

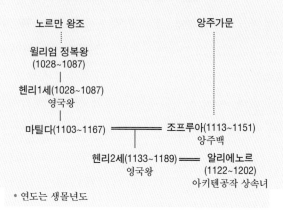

<영국왕 헨리 2세 가계도>

노르만 왕조   앙주가문

윌리엄 정복왕
(1028~1087)

헨리1세(1028~1087)
영국왕

마틸다(1103~1167) ══════ 조프루아(1113~1151)
앙주백

헨리2세(1133~1189) ══ 알리에노르
영국왕   (1122~1202)
아키텐공작 상속녀

* 연도는 생몰년도

뉴도 지배하게 되었던 것이다. 헨리 2세는 결혼한 지 2년 후
인 21세에 영국 왕위까지 계승하였다.

프랑스 인으로서 영국 왕이 된 이 운 좋은 사나이는 영국 왕
이었지만 프랑스 땅을 갖고 있었기 때문에 프랑스 왕의 신하
이기도 하였다. 현대인들에게는 이상하게 여겨지겠지만 영국
왕이 한편으로는 프랑스 왕의 신하이기도 하였던 것이다. 영
국인들은 헨리 2세로부터 시작되어 15세기 말까지 이어지는
이 왕가를 '플란타지네트Plantagenet' 가문이라고 부르는데 이
말은 금작화金雀花를 뜻하는 'planta genista'에서 왔다고 한
다. 가문의 시조인 앙주 백 조프루아가 자신의 투구에 금작화
가지를 즐겨 꽂고 다닌 데서 유래하였다. 프랑스에서는 이 영

국 왕가를 그 원래의 영지가 있던 앙주 지역의 이름을 따라 앙주 왕조라고 부른다. 좌우간 국경을 넘나드는 왕공들의 결혼으로 영국 왕은 오랫동안 프랑스 땅에서 프랑스 왕의 왕령지보다 더 넓은 땅을 차지하였다.

영국 왕위를 차지한 앙주 가의 세력은 카페 왕가의 프랑스 왕들에게 큰 위협이 되었다. 프랑스 왕들은 여러 가지 구실을 동원하여 앙주 가의 영토를 잠식하였다. 필립 2세 (필립 오귀스트 : 재위 1180-1223)는 그 대표적인 인물이다. 그는 영국 왕이자 자신의 봉건 가신인 존 왕의 재혼 과정을 조사하게 했는데 거기서 위법사항을 발견하였다. 이를 트집잡아 노르망디와 앙주 땅을 빼앗았다. 가신이 주군에 대한 의무를

프랑스 왕에게 충성 서약을 하는 영국 왕 헨리 2세. 그는 프랑스 왕의 신하인 앙주 백이기도 하였다.

위반하면 그 봉토를 몰수할 수 있다는 봉건법 조항을 이용한 것이다. 이로 인해 가신인 영국 왕과 주군인 프랑스 왕 사이에서, 다시 말해 영국과 프랑스 사이에서 전쟁이 벌어졌는데 영국의 존 왕이 패배하여 대륙의 영토를 상당 부분 상실하였다. 그래서 영국인들은 존 왕에게 '땅을 잃어버린 녀석Lostland'이라는 불명예스런 별명을 붙였다. 그러나 프랑스 땅에서 영국 왕의 영토가 완전히 사라지려면 백년전쟁이 끝나야 하였다.[46]

공적인 제도로서의 국가 관념이 미비했기 때문에 일어난 일을 하나 더 들어보자. 앞에서 말한 '실지왕失地王' 존이 영국을 교황의 봉토로 바친 사건이 그것이다. 우리나라에서는 예전에 어떤 서울시장이 서울시를 하느님께 봉헌한다고 해서 논란거리가 된 적이 있는데 존 왕의 영국봉헌은 그보다 훨씬 심각한 사건이었다. 존 왕은 영국의 으뜸가는 주교인 캔터베리 대주교의 임명을 놓고 교황청과 갈등을 빚었다. 이 때문에 당시 교황 이노켄티우스 3세에 의해 파문을 당했다. 파문 excommunication이란 교회의 울타리 바깥으로 쫓아내 교회가 제공하는 영적인 서비스와 보호를 더 이상 제공하지 않는다는 선언이다. 중세인들은 세속화된 현대인들과는 달리 영적인 위협을 진짜 두려워하였다. 결국 존 왕은 교회의 보호를 받지 못해 하느님의 은총으로부터 멀어질 것이 무서워 하느님과 성

---

46 백년전쟁 이후에도 도버 해협에 면한 칼레 시는 영국의 영토로 남았다.

베드로, 성바울에게 영국 땅을 바쳤던 것이다. 물론 실제로는 성베드로의 후계자로서 하느님의 지상대리자인 로마의 교황이 그것을 차지하였다. 그리하여 이제 영국은 이론상으로는 교황의 봉토가 되고 영국왕은 교황의 신하가 된 것이다.

여기서 볼 수 있듯이 존 왕 당시의 교황은 최고의 권력을 자랑하였다. 이노켄티우스 3세 교황은 신성 로마제국 황제의 선출에 관여할 수 있는 권리를 주장하였으며 교황이 세속군주보다 더 상위자라고 선언하였다. 실제로 그는 영국의 존 왕 외에도 아라곤 왕국(옛 스페인의 한 왕국), 보헤미아 왕국, 그리고 포르투갈 왕국의 군주들로부터 충성서약을 받았다.

그러나 이러한 교황권에 대한 반발이 사상적인 차원에서 제기되었다. 파리 대학의 학장을 역임하였던 이탈리아 학자 파도바의 마르실리오는 『평화의 수호자』라는 유명한 책에서 국가를 공공 평화의 수호자로 간주하고

두 명의 교황이 서로 정통을 주장하는 교회분열 사태를 해결하기 위해 열린 것이 피사 공회의(1409)였다. 이 회의가 실패로 돌아간 이후 교황권에 실망한 사람들이 교황의 허수아비를 불태우고 있다.

이러한 세속국가의 권한을 침범하는 교황권을 맹렬히 비난하였다. 그는 교황권은 순전히 명예상의 권력이 되어야 한다고 주장하였는데 교황 뿐 아니라 성직자들이 갖는 사법권을 부인하였다. 그의 이론은 교황권을 부인하고 세속군주를 옹호하는 매우 근대적인 정치이론으로서 향후 전개될 교회와 국가 사이의 갈등을 예고하는 것이었다.[47]

---

[47] Marsilius of Padua, *Defensor pacis.* 이 책은 1324년에 완성되었는데 교황청에 의해 공식적으로 비난을 받았다. 마르실리오가 바이에른 제후 루드비히에게로 도망친 것은 이 때문이었다. 영역본은 헨리 8세를 위해 1535년에 처음 나왔으나 일부분을 생략한 번역이었다고 한다. 전역 영어본은 1956년에야 나왔다.

4. 근대의 제왕들과 종교

　유럽에서 16세기는 근대의 서막을 알린 세기였다. 흔히 르네상스 시대라고 부르는 이 시대는 포르투갈, 스페인 두 나라에 의한 새로운 항로의 개척과 신대륙의 정복을 통해 유럽인들이 그 활동의 무대를 동아시아와 아프리카, 아메리카 등으로 크게 확대시킨 시대이다. 인도 항로의 개척과 그로 인한 무역의 확대 및 신대륙의 정복과 조직적 약탈 등은 유럽인들에게 엄청난 물질적 부와 새로운 번영의 가능성을 안겨다주었다.

　포르투갈은 오늘날에는 유럽연합 내에서는 열등생 비슷하게 취급되고 있지만 이 시대에는 동양과의 무역을 주도한 시대를 앞서가는 나라였다. 당시 유럽의 선교사들도 포르투갈 배를 타고 중국과 일본으로 갔다. 한편 포르투갈의 이웃국가 스페인은 아메리카 정복과 약탈 그리고 식민에 앞장섰다. 아메리카로부터는 막대한 양의 금과 은이 스페인으로 쏟아져들어 왔다. 스페인이 16세기에 마치 오늘날의 미국처럼 세계를 경영하는 '수퍼파워'가 될 수 있었던 데에는 이러한 아메리카의 귀금속이 큰 역할을 하였다.

이베리아 반도의 두 나라가 획득한 부와 번영을 유럽의 다른 나라들은 그냥 지켜보지만 않았다. 프랑스, 영국, 네덜란드 같은 나라들은 무슨 수단을 써서라도 이들이 차지한 부와 무역 그리고 식민지에 끼어들기 위한 노력을 하였다. 이러한 노력들이 평화적으로 이루어진 것은 아니었음은 물론이다. 식민지는 말할 것도 없고 무역도 무력으로 빼앗는 대상이었다.

세속적 부를 놓고 치열한 접전을 벌였던 근대 유럽의 국가들은 다른 한편으로는 종교문제로 싸웠다. 가톨릭 교회의 관행과 교리를 근원적으로 비판하는 종교개혁 운동이 일어나 유럽이 종교적으로 분열되었던 것이다. 당시 종교는 정치와 밀접한 관계를 맺고 있었기 때문에 종교적 분열은 신교도들과 가톨릭 간의 종교전쟁으로 표출되었다.

세속화된 세계에서 살고 있는 현대인들에게는 종교가 옛날에 인간의 삶에서 얼마나 큰 자리를 차지하고 있었던지 잘 이해가 가지 않는다. 옛날에는 정치와 종교가 분리되어 있지 않았다. 오늘날에는 종교를 사적인 차원의 문제 즉 개인적 양심의 문제로 간주하지만 옛날에는 종교는 국가가 관여하는 으뜸가는 공적인 영역이었다. 적어도 유럽에서는 그러하였다. 사실 신앙의 문제를 순전히 사적인 영역으로 간주하여 공권력이 간섭하지 않게 된 것은 그리 오래 전의 일이 아니다. 18세기 말이나 19세기 정도가 되어야 그 양자 사이의 확고한 구분선이 그어졌다. 이로 인해 종교의 영역이 크게 줄어든 것은 두말할 필요가 없는 사실이다. 이것이 근대의 세속화 secularization 과정이다.

프랑스 왕의 도유식. 대관식 중에서 가장 중요한 의식으로서 신이 왕을 세운다는 의미를 띠었다.

서양에서는 오랫동안 가톨릭 교회가 정치와 사회생활 일반에서 막강한 지위를 누렸다. 왕들은 정식으로 왕으로 인정받기 위해서는 종교적 형식의 대관식을 치러야 하였다. 신을 대리하는 사제가 왕에게 기름을 붓고(도유塗油) 왕관을 씌어주었다. 대관식은 그리스·로마로부터 내려온 전통이었지만 도유는 성서에서 따온 순전한 기독교적 의식이다. 구약시대 이스라엘의 선지자 사무엘이 이스라엘의 첫 왕인 사울에게 기름을 발라주었던 의식을 모방한 것이다. 사제에 의한 도유의식은 신이 왕에게 통치권을 부여하였다는 의미를 갖고 있다. 따라서 왕권은 신에 의해 주어진 것이며 신성한 것이었다. 가톨릭 교회는 이렇게 신의 이름으로 왕권을 신성화하였다.

일반인들도 태어나고 결혼하고 죽는 일을 모두 가톨릭 교회의 틀 내에서 하였다. 아이가 태어나면 출생신고를 세속당국에 하는 것이 아니라 교회에서 세례를 받음과 동시에 출생신고를 하였다. 교구 사제가 그 일을 맡았음은 물론이다. 결혼식도 종교적 의례의 성격을 띠었는데 결혼이 효력을 가지려면 사제가 주관하는 결혼식과 동시에 사제에게 혼인신고를 해야 하였다. 죽음을 앞두고는 종부성사를 받고 사제의 위로를 받으며 죽어갔다. 장례식도 결혼식처럼 종교의례였다. 교구의 사제는 이러한 출생, 혼인, 장례 의식을 관장함과 동시에 그 기록을 남겼다. 또 사람들은 교회에 영혼의 구원을 의지하고 교육도 성직자들이 맡았다. 사제들은 교사이기도 했던 것이다. 주민들의 풍기단속도 정신적 지배자인 사제의 몫이었다. 이처럼 교회는 오늘날이라면 국가기관이 해야 할 일의 상당 부분을 관장하고 있었다. 그래서 교회가 종교와 관련된 폭넓은 문제들에 대한 재판권을 갖고 있었던 것은 놀라운 일이 아니다. 예를 들어 교회는 이단을 감시하고 심문하였으며 그 처벌을 세속당국에 요청하였다. 그래서 교회는 사람들의 생각을 감시하고 지배할 수 있었다.

이러한 여러 가지 서비스에 대한 대가로 교회는 사람들에게 수입의 1/10 을 십일세라는 명목으로 징수하였다. 교회의 십일세 징수권은 국가권력으로부터 뒷받침을 받았다. 교회는 십일세뿐 아니라 신도들로부터 땅과 돈을 기부 받았기 때문에 엄청난 규모의 재산을 축적하게 되었다. 1789년 혁명 직전에 프랑스 가톨릭 교회는 프랑스 전체 토지의 1/10 정도를 차지하고 있었다고 한다.[48] 이처럼 교회가 사람들의 정신생활 뿐 아니라 세속생활에서 차지하는 커다란 역할과 비중 때문에 교회의 가르침과 조직의 근간을 뒤흔든 종교개혁은 종교적 차원의 일로 그치지 않았다. 그것은 당연히 정치적, 사회적 차원의 갈등과 그로 인한 변혁을 초래하였다.

마르틴 루터나 장 칼뱅 같은 종교개혁가들은 가톨릭 교회의 근본적 가르침에 대해 이의를 제기하였다. 그들은 가톨릭 교회의 가르침과 관행 가운데 많은 것이 성서에 근거가 없는 것임을 지적하였다. 교회가 만들어낸 많은 성인들saints과 하느님의 어머니로 추앙받은 성모 마리아에 대한 숭배는 원래의 기독교와는 거리가 먼 것이다. 가톨릭 교회의 교리 중 중요한 비중을 차지하는 연옥煉獄 purgatory도 초기 기독교에는 없던 가르

---

48 알베르 소부울,『프랑스 대혁명사』상권, 23-24쪽.

침이었다. 사람은 죽으면 지옥이나 천국으로 가기 전 연옥으로 내려간다고 가톨릭 교회는 가르쳤다. 연옥은 지상에서 지은 죄업에 대한 심판을 기다리는 대기실 같은 곳이다. 그런데 망자가 이 연옥에서의 고통을 경감받기 위해서는 살아 있는 자들의 기도가 중요하다. 살아 있는 자들은 망자를 위해 기도할 때 특히 성인들에게 도움을 요청할 수 있다. 성인들은 믿음과 덕행으로 하늘나라에 많은 공덕을 쌓아놓은 사람들이기 때문이다. 가톨릭 교회는 성인들의 공덕을 사람들에게 나누어 줄 수 있는 권한이 있었다. 면죄부가 이러한 공덕을 나눠주는 증서였다. 교황청은 로마의 성베드로 대성당을 짓는 등 여러 가지 사업에 필요한 재정을 확보하기 위해 이러한 면죄부를 판매하였다. 루터는 이러한 면죄부 판매를 혹독하게 비판하였다.

면죄부 뿐 아니라 사제의 독신생활, 성직매매, 교황권 등 오랜 교회의 제도와 관행들은 성서에 비춰볼 때 근거가 희박한 것이 사실이다. 가톨릭 교회는 거룩한 교회가 과거에 필요에 따라 이러한 제도를 만든 것이라고 그 제도의 전통을 옹호하였다. 다른 한편 가톨릭 교회는 종교개혁가들이 이런 전통에 입각한 교회의 권위를 무시하고 오로지 성서만을 믿음의 근거로 내세우는 것을 심히 불쾌하게 생각하였다. 그래서 가톨릭 교회는 신자들이 함부로 성서를 읽는 것을 금지하였으며 심지어 성서를 소유하는 것도 금했다. 종교개혁가들은 이러한 교회의 관행을 맹렬히 비난하였을 뿐 아니라 일반인들이 성서를 읽을 수 있도록 라틴어가 아닌 속어로 성서를 번역하였다.

　종교개혁가들의 주장이 많은 사람들의 지지와 호응을 받자 가톨릭 교회는 탄압으로 맞섰다. 종교개혁가들과 그들의 잘못된 가르침을 따르는 사람들을 근절시켜야 할 이단으로 규정한 것이다. 이단은 자신들의 주장을 즉각 철회하지 않는 한 용서를 받지 못한다. 이단은 설득해야 할 대상이 아니라 무력으로 박멸해야 할 교회의 원수였다. 가톨릭 교회는 교회를 이단들로부터 지키고 이단들을 처벌해야 하는 의무가 세속군주들에게 있음을 반복해서 주지시켰다.

프로테스탄트 쪽에는 성서가 있고 교황 쪽에는 여러 의례들을 상징하는 물건들이 있으나 무게는 성서 쪽으로 기울었다. 이 그림은 프로테스탄트들이 자신들 믿음의 근거를 성서에 두었음을 강조하는 선전 포스터인 셈이다.

그러나 일부 군주들은 오히려 잘못된 가르침을 펼치는 이단들을 옹호하고 지원하였다. 왕들이 이단들을 옹호하자 종교적 대립은 더 이상 종교적 논쟁의 차원에 머물지 않았다. 손에 성서나 교리서가 아니라 무기를 들고 종교를 지키기 위한 종교전쟁이 일어나게 되었다.

루터가 신성로마제국 의회에서 이단으로 정죄되어 파문을 당하자 그를 보호하고 지켜준 것이 세속군주인 작센 선제후였다.[49] 작센 선제후는 루터의 가르침을 받아들여 작센의 교회를 루터파 교회로 만들었다. 더 나아가 그는 자신과 생각을 같이하는 루터파 독일 제후들을 조직하여 황제에 맞섰다. 이렇게 해서 조직된 신교도 제후들의 조직이 슈말칼덴 동맹인데 동맹에 가입한 제후들은 신성로마제국 황제의 공격을 받을 경우 서로 군사적 원조를 할 것을 서약하였다. 제후들은 자신들의 영지 내에서 가톨릭 교회의 재산을 몰수하고 가톨릭 교회의 주교를 축출하는 등 루터 교회의 확립을 도모하였다. 이러한 루터파 제후들의 움직임에 대해 당시 신성로마제국 황제였던 카를 5세 (스페인 왕을 겸했는데 스페인 왕으로서는 카를로스 1세)는

---

49 당시 독일이라는 나라는 없었다. 신성로마제국이 오늘날의 독일과 상당 부분 겹치지만 똑 같은 것은 아니다. 신성로마제국은 많은 세속제후 및 성 직제후가 다스리는 많은 영방들과 도시들로 이루어져 있었다. 작센은 세속 제후가 다스리는 제법 큰 영방이었다. 영방은 신성로마제국 황제도 마음대 로 할 수 없는 상당한 자율성을 누리는 실질적 독립국가였다.

한동안 이탈리아 전쟁과 대투르크 전쟁 때문에 방관하였으나 이 전쟁들이 마무리되자마자 신교도 제후들에 대한 탄압에 나섰다.

처음에는 황제군이 승리하는 듯하였으나 신교도들을 무력으로 완전히 제압할 수는 없었다. 결국 신성로마제국 내에서 종교적 통일을 유지하기가 불가능하다는 판단을 한 황제는 타협을 선택하였다. 이것이 유명한 아우크스부르크 종교화약이다. 이 조약의 내용은 영방의 군주가 그 영방(신성로마제국을 구성하는 국가)의 종교를 결정할 권한이 있다는 것이다. 통치자의 종교가 국가의 종교를 결정한다. 뒤집어보자면 개인에게는 종교의 자유가 허용되지 않고 오로지 군주인 영방 제후에게만 종교 선택의 자유가 허용되었던 것이다.

루터교를 택한 영방제후들의 나라에서 가톨릭은 불법화되었다. 가톨릭 교회로부터 분리되어 나온 또 다른 신교도들인 재세례파와 칼뱅 교도들은 루터교와 같은 종교적 자유를 얻지 못했다. 이는 한 세기 뒤 또 다른

루터와 루터의 보호자 작센 선제후 프리드리히. 맨 좌측이 루터이고 가운데가 선제후이다. 16세기 화가 그라나흐의 작품.

큰 전쟁(30년전쟁)의 불씨가 된다. 이제 자기 영내 신민들의 종교를 결정할 권한이 있었던 독일의 루터파 제후들은 수도원을 해산하고 그 재산을 몰수하였다. 종교개혁으로 인해 군주의 재산을 확대할 절호의 기회가 주어진 것이다. 이러한 제후들의 재정적 이득은 그들의 권력을 강화하는 데 도움이 되었던 것은 물론이다. 결국 독일의 종교개혁은 신성로마제국의 황제가 아니라 제국의 구성단위인 영방군주들의 권력을 강화하였다. 장기적으로 볼 때 이는 독일이 많은 영방국가들로 분열되어 통일된 국가로 발전하는 것을 저해하였다.

영국의 왕도 종교개혁으로 큰 재미를 보았다. 헨리 8세(재위 1509-1547)는 신성로마황제 카를 5세, 프랑스의 프랑수아 1세와 더불어 르네상스와 종교개혁의 시대를 대표하는 유럽의 군주 가운데 한 사람이다. 무려 여섯 명의 왕비를 두었으며 - 물론 한꺼번에 둔 것이 아니라 순차적으로 두었다 - 그 가운데 두 명을 죽인 무자비한 남편으로 후세에 악명을 떨쳤다.[50] 첫째 왕비는 헨리가 17세 때 혼인했던 스페인 출신의 카테리나(영어로는 캐서린) 공주였다. 카테리나는 당시 유럽 최대강국인 스페인의 이사벨 여왕과 페르난도 왕의 막내딸이다. 카테리나가 헨리 8

---

50 헨리 8세는 종교개혁과 르네상스 시대를 대표하는 군주의 한 사람이지만 여러 여성들과의 관계 때문에 많은 문학적 관심의 대상이 되었다. 헨리 8세와 그 왕비들에 대해 역사적 접근을 한 책으로는 앨리슨 위어, 『헨리 8세와 여인들』이 우리나라 말로 번역되어 있다.

세의 형인 아서 왕자와 혼인했던 것은 순전히 부왕 헨리 7세의 정략적 의도 때문이었다. 내전 끝에 왕위에 오른 튜더Tudor 왕조의 첫 번째 왕 헨리 7세는 아직 유럽의 군주들로부터 영국 왕으로서의 자격을 제대로 인정받지 못하고 있었다. 그는 스페인과 친해지면 강대국인 스페인의 후원을 받을 수 있을 것으로 생각하였다. 그리하여 스페인의 공주 카테리나와 자신의 큰 아들인 아서를 혼인시켰던 것이

다. 불행히도 아서 왕세자는 결혼한 지 얼마 지나지 않아 병사하고 만다. 후사도 없었다. 부왕은 정치적 고려 때문에 영국에 데려온 며느리를 놓치고 싶지 않았다. 그래서 스페인으로 돌려보내지 않고 차남인 헨리 8세와 약혼하게 만들었다. 물론 당사자의 동의 여부는 중요하지 않았다.

영국 왕 헨리 8세. 카테리나 왕비와의 이혼문제로 영국 교회가 가톨릭으로부터 떨어져 나오게 한 인물. 모두 여섯 명의 여자와 결혼하여 그로부터 난 아들과 두 딸이 그를 이어 영국의 왕과 여왕이 되었다.

　　헨리 8세는 부왕이 죽자 카테리나와 결혼하였다. 그리고 며칠 뒤 카테리나 왕비와 함께 대관식을 올

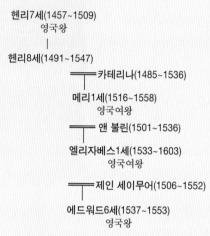

<_**튜더 왕가 가계도**_>

헨리7세(1457~1509)
영국왕
|
헨리8세(1491~1547)

카테리나(1485~1536)

메리1세(1516~1558)
영국여왕

앤 불린(1501~1536)

엘리자베스1세(1533~1603)
영국여왕

제인 세이무어(1506~1552)

에드워드6세(1537~1553)
영국왕

* 연도는 생몰년도

렸다. 그는 자신이 간절히 바라던 아들을 카테리나 왕비가 낳아주지 못하자 애정이 급속히 식었다. 카테리나는 아들을 두 명이나 낳았지만 모두 낳자마자 죽어버렸다. 불운한 카테리나는 그 뒤 딸을 하나 낳았는데 이 딸이 나중에 영국의 첫 왕비가 되었다. 메리 여왕이다.

아들에 대한 기대가 이루어지지 못해 애정이 식어버린 헨리8세의 마음을 끈 여인이 나타났다. 왕후의 시녀였던 앤 불린이라는 여자였다. 헨리는 이 여자에 홀딱 빠져 그녀를 정부로 만들려고 유혹하였으나 앤 불린은 냉정하게 거절하였다. 애첩으로는 만족하지 못한다는 것이었다. 이러한 도도한 태도가 왕을 더 애타게 만들었다. 왕은 왕비와 정식으로 이혼하고 앤 불린과 결혼할 계획을 세웠다. 공식적인 구실은 카테리나와의 결혼이 인척간의 결혼이었을 뿐 아니라 자신이 동의한 것도 아니었다는 것이다. 그러나 당시 교황은 유럽의 최강국 스페인 왕가의 눈치를 볼 수밖에 없는 신세였기 때문에 스페인 왕가의 딸인 카테리나가 소박맞도록 이혼을 승인할 수 없었다.

그러자 헨리 8세는 자신의 신하들과 의회를 동원하여 앤 불린과의 결혼을 합법화하고 교황청과의 결별을 추진하였다. 영국의 의회는 심지어 이 결혼의 적법성을 부인하는 자는 대역죄로 사형에 처한다는 법도 제정하였다. 그리고 영국인이 교황청에 항소하는 것도 금지하였다. 교황청에 대하여 왕권을 크게 강화하는 이러한 영국 의회의 조처에 대해 교황은 헨리 8세와 영국교회의 최고성직자인 캔터베리 대주교 토마스 크랜머의 파문으로 맞섰다. 그러자 영국 의회는 영국 왕이 영국교회의 수장이며 이를 부인하는 것도 대역죄에 해당한다는 법으로 맞섰다.[51]

---

51 왕의 종교적 신념보다는 개인적 애정문제와 욕심이 크게 작용한 영국의 종교개혁에 대해 반대한 사람들이 적지 않았다. 그 가운데 대법관을 지냈던 토머스 모어 경이 있다. 당시 영국 사회의 현실과 더불어 영토에 대한 욕심 때문에 무익한 전쟁을 일삼는 유럽의 왕들을 매섭게 풍자한 『유토피아』의 저자로 유명한 인문주의자이다. 인격적으로 고매한 토머스 모어는 성직자가 아닌 속인이 영적인 조직인 교회의 우두머리가 되는 것을 도저히 받

이처럼 영국의 종교개혁은 종교개혁가들의 요구가 아니라 왕의 이혼문제로 인해 느닷없이 도래하였다. 이 종교개혁은 왕권 강화에 큰 도움이 되었다. 영국 왕은 가톨릭으로부터 떨어져 나와 이제는 교황의 간섭을 받지 않는 독립적인 교회를 세웠으며 그 수장이 되었다. 헨리 8세 역시 독일의 루터파 군주들처럼 가톨릭 교회 재산을 탐했다. 많은 수도원을 해산하고 그 재산을 차지하였다.[52] 지금도 이 때 해산된 많은 수도원 건물들이 폐허로 남아 있다.[53] 수도원 해산 조처로 왕의 금고는 순식간에 크게 불어났다.

독일과 영국의 군주들은 종교개혁을 이용하여 권력을 강화하는 데 성공하였다. 독일의 영방군주들은 자신들의 나라의 종교를 결정할 권한을 획득하였으며 영국왕은 스스로 영국 교회의 수장이 되었다. 영국의 헨리 8세는 자신의 정책에 반하는 사람들을 모두 대역죄로 몰아 처단해버릴 수 있는 권력을 손에 쥐었다. 이 신교도 군주들은 교황의 간섭으로부터 벗어났음은 두말할 나위가 없다. 그러나 종교개혁의 물결이 독일

아들일 수 없었다. 그 결과 모어는 대역죄로 1535년 런던 타워에서 참수형으로 생을 마감하였다. (20세기에 들어 토머스 모어 경은 가톨릭 교회에 의해 성인의 반열에 올랐다)

52 헨리 8세는 장장 6개월에 걸쳐 수도원 재산에 대한 조사를 시행하였다. 이 조사는 12세기 둠스데이북 이후 최대의 조세 센서스라고 한다. K. Morgan, ed., *The Oxford History of Britain*, 284쪽.

53 당시 헨리 8세에 의해 해산된 수도원은 그 수가 800 개를 넘는다.

이나 영국처럼 왕권을 강화하는 데 기여한 것이 아니라 왕권을 크게 약화시킨 나라도 있다. 프랑스가 그렇다.

프랑스에서는 루터교가 아니라 장 칼뱅이 창시한 교회 — 이를 개혁교회라 부르는데 우리나라의 장로교회가 칼뱅이 창시한 개혁교회에 속한다 — 가 급속히 확산되어 갔는데 그 와중에 가톨릭 세력과 충돌이 빚어졌다. 프랑스 가톨릭 교회는 칼뱅 교도를 이단으로 간주하고 그들을 처벌할 것을 요구하였다. 가톨릭 교도들은 예수와 마리아, 성인들의 모습을 그리거나 새긴 성상을 신성한 것으로 여겼는데 이를 칼뱅교도들이 모독하고 파괴하자 양자 사이에 폭력을 수반한 충돌이 빈발하였다. 무력을 동원할 수 있는 귀족들이 정치적 야심을 갖고 대거 신교도 진영에 가담하면서 신구교 간의 충돌은 단순한 국지적 분쟁을 넘어 종교전쟁이라는 전국적 내전으로 확대되었다. 이 내전은 근 40년간이나 계속되었다.

신교도 귀족들을 구교도들이 대거 학살한 1572년 8월의 성

성 바르텔레미 날의 학살사건. 왕가의 결혼식에 참가하기 위해 파리에 올라온 신교도 귀족들을 구교도들이 조직적으로 살해한 사건. 이로써 가톨릭 세력과 신교도 세력을 화해시키려는 카테린 왕비의 노력이 수포로 돌아갔다.

바르텔레미 날의 학살사건은 그 전쟁 중에 일어난 한 사건이었을 뿐이다. 당시 프랑스는 앙리 2세의 아들들이 연이어 통치하고 있었다. 앙리 2세는 마상창시합에서 당한 불의의 사고로 어린 자식들을 잔뜩 남겨놓고 40세의 나이로 죽었다. 장남 프랑수아 2세가 왕이 되었으나 열다섯 살의 어린 나이여서 모후 카테린 드 메디시스가 섭정이 되었다. 병약한 프랑수아가 요절하자 이번에는 동생인 샤를 9세가 열 살의 나이로 왕위에 올랐다. 마찬가지로 모후인 카테린 드 메디시스가 섭정을 하였는데 이 시기에 종교전쟁이 시작되었다. 카테린 왕비는 신구교 양진영을 화해시키기 위해 많은 노력을 하였다. 그의 셋째 딸인 마르게리트를 신교도 진영의 우두머리인 부르봉Bourbon 가문의 앙리와 혼인시킨 것도 그런 노력의 일환이었다. 영화『여왕 마고』의 주인공이 바로 이 마르게리트이다. 카테린의 타협정책은 실패로 돌아갔다. 구교도 진영도 그녀의 명에 호락호락 따르지 않았다. 그리고 샤를 9세도 스물 네 살의 나이로 요절하였다.

새로운 왕이 된 것은 폴란드 왕으로 있던 3남 앙리 3세였다. 당시 폴란드는 이름은 왕국이었지만 귀족들의 세력이 너무나 강해 왕을 선거를 통해 선출하는 선거왕제를 채택하였다.[54] 폴

---

[54] 폴란드가 절대군주정을 창출하는 데 실패한 데에는 이 선거왕제가 큰 역할을 하였다. 선거왕제는 폴란드 귀족들의 정치적 이해관계와 맞닿아 있었음은 물론이다. 폴란드 왕권의 약화과정과 그 원인에 대해서는 페리 앤더

란드 귀족들은 자신들의 이익을 지켜줄 외국인을 왕으로 선출하였는데 그가 프랑스의 왕자인 앙주 공작 앙리였다. 앙리는 폴란드 왕으로 즉위한 지 몇 개월 되지 않아 형인 샤를 9세의 사망 소식을 접했다. 샤를 9세 다음으로 프랑스 왕이 될 권리가 있었던 앙리는 형의 사망 소식을 접하자 아무 미련도 없이 폴란드 왕위를 버리고 귀국길에 올랐다.

형들과는 달리 정치에 대한 관심도 많았고 능력도 있었던 그는 왕위에 오르자마자 위그노 즉 프랑스 신교도들에 여러 가지 양보를 하였다. 타협을 통해 종교적 내분을 수습하는 것이 시급하다고 판단해서였다. 그러나 그의 조처는 즉각 가톨릭 진영의 반발에 직면하여 신교도에 대한 양보를 취소하지 않을 수 없었다. 왕은 자신의 뜻을 관철할 수 있을 만큼 권력이 강하지 못했던 것이다. 더욱이 가톨릭 진영의 우두머리인 기즈Guise 공 앙리는 가톨릭 동맹을 조직하고 왕의 정책에 대한 반대운동에 나섰다. 가톨릭 동맹은 위그노들을 프랑스 땅에서 완전히 몰아내고 이단을 근절하기 위해 십자군전쟁까지 불사할 태세였다. 한마디로 말해 완강한 원리주의 집단이었는데 가톨릭 동맹은 위그노들과의 공존을 모색하는 가톨릭 온건파도 용납하지 않았다. 수도인 파리는 가톨릭 동맹이 장악하여 앙리 3세는 목숨을 부지하기 위해 파리로부터 도주해야 하

스,『절대주의 국가의 계보』325-344쪽 참조.

였다. 그는 가톨릭 동맹이 자신의 목을 노리고 있다고 믿고 그 위험을 제거하기 위해 가톨릭 동맹의 우두머리인 기즈 공을 블루아 성으로 불러 죽여 버렸다. 그리고 가톨릭 세력의 또 다른 지도자인 그 동생 기즈 추기경도 다음날 살해하였다. 이는 기즈 가문 뿐 아니라 가톨릭 진영의 극렬한 반발을 초래하여 결국은 앙리 3세 자신도 가톨릭 동맹의 한 수도사에 의해 살해되었다.

종교전쟁기에 프랑스 왕의 권력이 미약했던 것은 말할 것도 없고 왕의 신변도 안전하지 못했던 것이다. 이러한 일은 앙리 3세의 뒤를 이어 왕위에 올랐던 앙리 4세에게도 일어났다. 부르봉 가문의 앙리 4세는 원래 위그노 진영의 지도자 가운데 한 사람이었지만 왕이 되기 위해 신교를 버리고 가톨릭으로 개종하였다.[55] 프랑스 왕위계승법에 따르면 가톨릭 신자만이 왕이 될 수 있었기 때문이다. 대신 그는 자신의 옛 신앙 동료들에게 종교적 자유를 보장해줄 양보조처를 취했는데 이것이 유명한 낭트칙령이다. 그러나 이 때문에 그는 가톨릭 진영으로부터 여러 번에 걸친 살해위협을 받았으며 결국은 전왕처럼 1610년 한 가톨릭 광신자에 의해 살해되었다. 이처럼 종교개혁과 그로 인한 종교전쟁은 프랑스를 분열시키고 왕권을 땅

---

[55] 그는 "파리는 한 대의 미사의 값어치가 있다"고 개종의 변을 하였다. 다니엘 리비에르, 『프랑스의 역사』 162쪽. 가톨릭의 예배인 미사는 한 번 올리는 것을 '한 대' 올린다고 한다.

에 떨어뜨렸다. 영국이나 독일과는 상반되는 결과를 빚어내었던 것이다.

16세기 유럽은 종교개혁으로 인해 서로 다른 종교적 신념 ― 이를 이데올로기라 해도 무방할 것이다 ― 을 가진 두 진영으로 분열되어 서로 대립하였다. 이러한 대립은 각 진영이 같은 신앙을 가진 외국의 세력과 동맹을 맺으면서 국제적 대립의 양상을 띠게 되었다. 영국 왕 및 독일의 루터파 영방군주들을 중심으로 한 프로테스탄트 세력에 대항하여 가톨릭 교회를 지키려고 한 반종교개혁Counter-Reformation 세력의 중심에는 스페인의 왕이 있었다. 오늘날의 스페인과는 달리 16세기는 스페인의 세기라 할 정도로 당시 스페인은 막강한 나라였다. 스페인 왕은 스페인 본토뿐 아니라 현재의 네덜란드와 벨기에 지역을 지배하였으며 (당시에 이 지역을 '플랑드르'라고 불렀다) 이탈리아의 상당 부분도 있었다. 그리고 최근에 획득한 아메리카도 그의 영토였다. 또 16세기 전반에는 스페인의 왕이 신성로마제국의 황제를 겸하기도 하였다. 한마디로 스페인 왕은 유럽의 상당 부분을 지배하는 유럽 최대의 제왕이었다.

그런데 스페인 왕가는 왜 그토록 완강하게 가톨릭을 수호하려고 하였을까? 이는 중세 스페인의 독특한 역사와 관계가 있다. 8세기 초 이베리아 반도는 북아프리카에서 건너온 회교도인 무어인 (스페인어로는 '모리스코')에 의해 정복되었다. 당시 스페인에는 게르만 족에 속하는 서西고트 인들이 세운 왕국이 있었는데 무어인들의 침략으로 멸망하였다. 그러나 일부 서고트인들은 회교도의 지배에 저항하였다. 서고트 귀족들은 북부 지방에 조그만 기독교 왕국을 세우는 데 성공하였다. 이것이 아스투리아스 왕국이다. 뒷날 스페인의 중추가 되는 카스티야는 이 아스투리아스 왕국으로부터 발전한 나라이다.

　중세기에 이베리아 북부의 기독교도 왕국들은 회교도들과의 전쟁을 통해 잃어버린 영토를 되찾아갔다. 국토재정복 운동(레콘키스타)이다. 근 8세기 동안 지속된 이슬람에 맞선 재정복 과정을 통해 여러 기독교 왕국들의 왕들과 귀족들은 자신들은 이교도에 맞서 교회를 지키는 십자군 전사로서의 강렬한 의식을 갖게 되었다. 그래서 스페인 인들은 자신들의 중세사를 '레콘키스타'라는 거대한 드라마를 중심으로 바라보게 되었다. 이것이 스페인 인들의 정체성을 구성하는 중요한 요소가 되었다.[56] 기독교 세계를 회교도들로부터 지켜내었다는 자부심과 십자군 의식은 근대 스페인의 군주들에게도 그대로 전해졌다. 그런데 스페인 인들은 종교개혁이 유럽을 휩쓸자 이번에는 회교도들이 아니라 유럽의 신교도 이단들을 근절하는 것이야말로 자신들의 신성한 임무라고 믿었다.

　레콘키스타는 15세기에 안달루시아 지방에 위치한 그라나

---

56 레이몬드 카 외『스페인사』85쪽.

다 왕국을 함락함으로써 완성되었다. 현재는 세계적 관광지가 된 알함브라 궁을 이사벨과 그의 남편 페르난도의 군대가 포위하여 전투 없이 이 왕궁을 넘겨받을 수 있었다. 이 사건은 1492년에 있었는데 바로 이 해에 이사벨 여왕의 지원을 받은 콜럼버스가 대서양 너머의 아메리카에 도착하였다.

당시 교황 알렉산더 6세는 스페인의 이 국왕 부부에게 '가톨릭 군주'라는 칭호를 내렸다. 가톨릭 진영의 으뜸가는 군주라는 뜻이다. 가톨릭 군주는 스페인을 순수한 가톨릭 국가로 만들기 위해 유태인들과 무어인들을 대거 축출하였다. 1492년 알함브라 궁에서 내려진 칙령은 유태인들로 하여금 가톨릭으로 개종하든지 아니면 스페인을 떠나든지 둘 가운데 하나를 선택하도록 강요하였다. 시간은 4개월이 주어졌다. 수만 명의 유태인들이 포르투갈, 네덜란드, 북아프리카 등으로 탈출하였다. 경제적으로 유능한 인재들이었던 유태인들을 추방한 것은 후일 스페인 경제에 부정적인 영향을 끼칠 수밖에 없었다.

스페인의 공동 통치자인 이사

그라나다에 있는 알함브라 궁의 사자 정원. 1492년 가톨릭 군주들이 넘겨받은 이 궁정은 이슬람 건축양식으로 지어졌다. 사진의 정원에서도 그것을 확인할 수 있다.

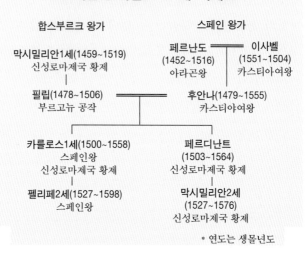

<스페인 왕 카를로스 1세 가계도>

합스부르크 왕가   스페인 왕가

막시밀리안1세(1459~1519)
신성로마제국 황제

페르난도 ━━━ 이사벨
(1452~1516)   (1551~1504)
아라곤왕   카스티아여왕

필립(1478~1506) ━━━━━ 후안나(1479~1555)
부르고뉴 공작   카스티야여왕

카를로스1세(1500~1558)
스페인왕
신성로마제국 황제

페르디난트
(1503~1564)
신성로마제국 황제

펠리페2세(1527~1598)
스페인왕

막시밀리안2세
(1527~1576)
신성로마제국 황제

＊ 연도는 생몰년도

벨, 페르난도 부부에게서 딸이 넷, 아들이 하나 태어났다. 장
녀는 포르투갈 왕자에게 시집가고 차녀는 신성로마제국 황
제의 아들인 부르고뉴 공 필립에게, 3녀는 포르투갈 왕에게,
막내딸 카테리나는 앞에서 말했듯이 영국 왕자와 결혼하였
다. 그리고 아들은 오스트리아의 공주와 결혼하였지만 19세
의 나이로 후사 없이 요절하였다. 장녀도 죽고 그가 낳은 아들
도 죽었기 때문에 왕위계승권은 차녀 후안나에게로 넘어갔다.
1504년 이사벨 여왕이 죽자 후안나는 그 모친의 카스티야 왕
위를 계승하였다. 그런데 후안나에게는 한 가지 심각한 문제
가 있었다. 정신적으로 불안정하다는 것이다. 카스티야 왕위

에 오르기 위해 남편과 함께 플랑드르(오늘날의 벨기에)로부터 스페인으로 온 지 몇 년 지나지 않아 남편 필립 공은 그만 병사하였다. 당시 장남 카를로스는 여섯 살, 차남 페르디난트는 세 살에 불과하였다. 후안나는 한동안 남편 시신의 매장을 거부하고 시신에서 떨어지려고 하지 않았다. 사람들이 후안나가 미쳤다고 생각한 것도 무리가 아니었다. 그래서 그녀는 '후안 나 라 로카(미친 여자 후안나)'라고 불렀다. 부친 페르난도는 이러한 후안나의 정신적 불안정을 이용하여 섭정이 되어 권력을 차지하였다. 부친에게 권력을 빼앗긴 그녀는 명목상으로는 여전히 카스티야 여왕이었지만 바야돌리드 근처의 산타클라라 수도원에 유폐되어 죽을 때까지 그곳에서 나오지 못했다.

여왕의 섭정이자 부친인 아라곤 왕국의 페르난도가 죽자 산타클라라 수도원으로 그녀를 찾아온 것은 16세의 아들 카를로스였다. 카를로스는 1516년 카스티야의 섭정인 외조부 페르난도가 죽자 플랑드르에서 스페인으로 와서 왕위에 올랐다. 모친인 후안나와 공동으로 카스티야를 통치하는 공동왕의 지위였다. 당시 카스티야 인들은 합스부르크 가문 출신의 카를로스를 외국인으로 여기고 자신들의 권리와 부를 이 외국인이 빼앗아가지 않을까 두려워했다. 당시 카스티야에는 최근에 발견한 아메리카로부터 금과 은이 쏟아져 들어오고 있었던 것을 생각하면 그런 두려움도 근거가 없다고 할 수 없을 것이다.

산타클라라 수녀원으로 모친을 찾아간 카를로스는 모친을 수도원에서 꺼내주지 않았다. 오히려 창도 없는 방에 연금시켜 놓고 그곳에서 나오지 못하게 만들었다. 16세기 전반 유럽의 최고 군주가 될 이 사람에게는 어머니에 대한 정이 전혀 없었다. 카스티야 왕국과 아라곤 왕국이 자기 것이 되려고 하는데 정신이 이상한 모친의 방해를 받고 싶지 않았을 것이다. 이 운 좋은 사나이는 스페인에 있는 동안 이번에는 그의 할아버지인 신성로마제국 황제 막시밀리안이 서거했다는 소식을 접했다. 부친은 그가 여

기사의 모습을 한 카를로스 1세. 신성로마제국 황제로 선출되기도 하였다.

섯 살 때 이미 죽고 없었기 때문에 그는 신성로마 제국까지 차지할 수 있다. 물론 신성로마제국이 황제를 선거로 선출하기 때문에 황제선거라는 절차를 치러야만 하였다.

1519년 황제선거에 나선 스페인 왕 카를로스의 경쟁자는 프랑스 왕 프랑수아 1세였다. 카를로스는 황제선거권을 가진 제후들 ─ 이 사람들을 '선제후'라고 부른다 ─ 을 매수하기 위해 당시

유럽 금융계를 주름잡던 독일의 푸거 은행으로부터 많은 돈을 빌렸다. 선제후들의 표를 매수하는 데 성공한 카를로스는 결국 황제로 선출되었다.

카를로스가 스페인 왕으로 있는 동안 스페인은 아메리카에서 엄청난 영토를 정복하였다. 잉카 제국과 아즈테크 제국을 극히 적은 수의 스페인 병사들이 정복한 것이다. 그리하여 카를로스의 통치영역에는 부르고뉴 공국과 스페인 그리고 신성로마제국에 더하여 신대륙의 상당 부분이 추가되었다.

그러나 유럽 최대의 군주 카를로스의 통치가 순조로웠던 것은 아니다. 무엇보다 독일에서 종교개혁이 일어나 일부 영방 제후들이 루터를 옹호하고 나선 것이다. 카를로스가 신교도들을 무력으로 억누르려고 하자 신교도 제후들은 동맹을 결성하여 황제에게 대항하였다는 것은 앞에서 언급한 바 있다. 결국 황제는 신교도들을 힘으로 눌러 기독교 세계의 통일을 유지하는 데 실패하였다. 기독교권의 통일을 유지하기 위한 노력이 좌절되자 황제는 1555년 실의 속에서 스스로 스페인 왕위와 신성로마제국 황제의 자리를 내놓고 퇴위하였다. 아들 펠리페 2세에게는 스페인의 왕위와 네덜란드 및 이탈리아 영토(나폴리와 밀라노)를 물려주었고 자신의 동생 페르디난트에게는 신성로마제국 황제 자리를 물려주었다. 그리고 스페인의 서쪽 에스트레마두라 지방에 있는 한 수도원으로 들어가 그곳에서

생을 마쳤다.

가톨릭 교회를 수호하고 이단을 박멸한다는 카를로스의 사명은 그 아들인 펠리페 2세에게 그대로 계승되었다. 독일의 루터파들은 아우크스부르크 화약으로 자신들의 종교를 인정받았지만 독일에서 그러한 인정을 받지 못했던 칼뱅 파가 다른 지역에서 세력을 널리 확대해가고 있었다. 스위스와 프랑스 그리고 스페인 속령인 네덜란드가 칼뱅의 가르침을 대거 받아들인 지역이다. 네덜란드의 반란은 바로 이러한 칼뱅 교도들에 대한 스페인 당국의 탄압으로 시작되어 독립전쟁으로 발전하였다. 펠리페 2세는 스페인의 군대를 보내 네덜란드의 반도와 싸웠으나 이들의 저항을 진압하는 데 실패하였다.

스페인이 영국과 전쟁을 하게 된 데에는 이 네덜란드 문제가 작용을 하였다. 당시 영국을 통치하던 엘리자베스 1세가 네덜란드 반군을 지원한 것이다. 엘리자베스와 펠리페 2세는 형

엘리자베스 여왕. 일생을 독신으로 살았다. 그러나 청혼이 없지 않았는데 그녀의 이복언니의 남편이자 가톨릭 진영의 지도자인 스페인 왕 펠리페 2세도 홀아비가 된 후 그녀에게 청혼을 하였으나 퇴짜 맞고 말았다.

부·처제 사이였다. 펠리페 2세는 이복 언니인 메리 여왕의 남편이었다. 메리 여왕은 앞에서 언급한 스페인 여왕 이사벨의 장녀인 카테리나와 헨리 8세 사이에서 난 딸이다. 그러므로 펠리페에게는 5촌 숙모뻘이다. 메리 튜더는 왕위에 오른 직후 신성로마제국 황제의 아들 펠리페를 남편으로 맞았다. 가톨릭 진영의 지도적인 국가인 스페인의 왕자를 남편으로 맞았던 메리 여왕은 가톨릭을 영국의 국교로 부활하려고 하였다. 그뿐 아니라 이에 반대하는 다수의 영국인 신교도들을 처형하였다. 자신의 부친이 영국의 종교개혁을 반대하는 사람들을 마구 처형한 것과는 반대로 그 딸은 가톨릭 부활에 반대하는 자들을 탄압하였던 것이다. 그래서 그녀에게는 '블러디 메리'(유혈의 메리)라는 별로 자랑스럽지 못한 별명이 붙었다. 그녀가 후사 없이 죽자 영국 왕위는 배다른 여동생 엘리자베스에게 넘어갔다.

홀아비가 된 스페인 왕 펠리페 2세는 처제인 엘리자베스에게 청혼하였으나 그녀의 승낙을 얻지 못했다. 더욱이 엘리자베스는 영국의 해적 ─ 당시에는 해군과 해적의 구별이 모호했다 ─ 으로 하여금 스페인의 상선을 공격하고 약탈하게 만들었다. 이 때문에 양국의 관계는 크게 악화되었다. 이런 영국이 네덜란드 반군에 지원군과 군수물자를 보낸 것이다. 분노한 펠리페 2세는 1588년 영국을 먼저 굴복시키기 위해 대함대를 조직하여 영국을 침공하게 하였다. 그러나 스페인 함대는 영국 해군에 패했다. 네덜란드의 반군에 대한 진압도 실패하였다. 네덜란드는 홀란드를 중심으로 북부 주들이 뭉쳐 실질적인 독립을 쟁취하였다. 스페인 왕이 볼 때 또 하나 이단들의 국가가 탄생하였다.

스페인의 가톨릭 군주들은 가톨릭을 지키기 위해 막대한 국가자원을 신교도와의 전쟁에 투입하였다. 그러나 독일의 신교도 제후나 영국의 왕, 네덜란드 반도들 어느 누구도 결정적으로 굴복시키지 못했다. 스페인 군주들은 막대한 영토와 수입을 자랑하였지만 그들이 가장 중요시한 대외정책에서는 성공하지 못했던 것이다. 가톨릭 신앙을 통한 기독교 세계의 통일은 달성할 수 없었다. 한편 스페인 왕들은 종교적 목표 때문에 국내의 경제적 발전을 위한 일에는 오히려 소홀하였다. 다른 나라들이 상업과 산업의 진흥에 힘을 쏟게 되자 스페인의 경제적 취약성은 분명히 드러나게 되었다. 종교적 명분에 사로잡혀 현실의 생활을 소홀히 한 16세기 스페인은 돈키호테 같은 나라였다.

신앙을 지키고 이단들과 싸우는 일에서 태양왕 프랑스의 루이 14세도 스페인 왕들에 뒤지지 않았다. 엄청난 군사력을 키워 당시 유럽의 가장 강력한 군주로 불리던 루이 14세는 통치기간 내내 전쟁을 하였다.[57] 그의 전쟁은 프랑스에 약간의 영토와 영광을 부여하였지만 국민들에게는 무거운 세금부담으로 돌아왔다.[58] 오만과 자만심에 가득 차 있던 루이 14세는 자기와 같은 위대한 군주의 신민들은 종교적으로 통일되어야 마땅하다고 믿었다. 이것이 종교적 타협과 관용정책을 펼쳤던 그의 조부 앙리 4세와의 차이였다. 그래서 그는 프랑스 신교도들을 개종시키기 위한 갖가지 노력을 전개하였다.

한편으로는 신학적인 논쟁을 통한 개종설득 다른 한편으로는 돈으로 매수하는 방법을 취했다. 하지만 모두 효과가 없었다. 그러자 왕은 앙리 4세가 신교도들에게 베풀었던 종교적 관용정책을 하나씩 축소해나갔다. 일부 직업에는 신교도들이 종사하지 못하도록 금지하였으며 가톨릭에 호의적인 반응을 보인다고 판단되는 아이들을 신교도 부모의 허락 없이 억지로 데려가 가톨릭 학교에 집어넣어 가톨릭 교육을 받게 하였다. 물론 교육비용은 그 부모가 지불해야 하였다. 처음에는 14세

---

57 루이 14세는 1661년부터 직접 통치하였는데 친정기간 54년 (1661-1715) 중 무려 37년간 전쟁을 하였다. 그는 죽기 전 후계자인 어린 손자 루이 15세에게 자신이 너무 전쟁을 좋아했다고 고백하면서 전쟁을 좋아하지 말라고 충고하였다. 그러나 17세기 절대주의 시대는 국가들 간의 전쟁이 일상화된 시대였음을 잊어서는 안 될 것이다. 이영림,『루이 14세는 없다』304쪽.

58 이영림 교수에 의하면 루이 14세 통치 기간에 세금의 부담은 2배로 늘어났다. 재정지출에서 전쟁비용이 높은 비중을 차지했던 것은 물론이다. 전쟁이 있던 해에 그 비율은 보통 70 퍼센트를 상회하였다. 앞의 책, 308-309쪽.

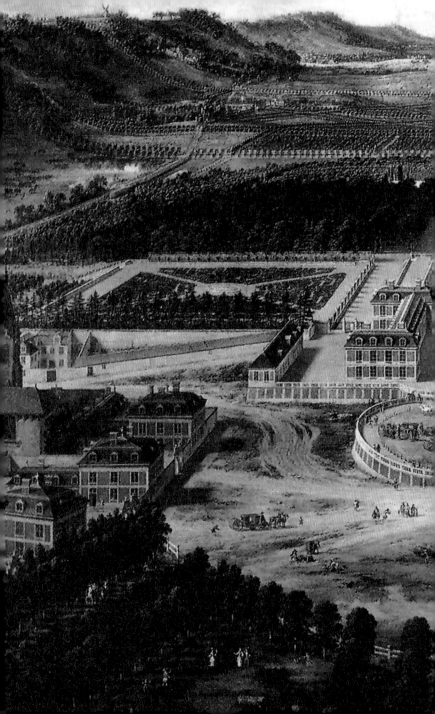

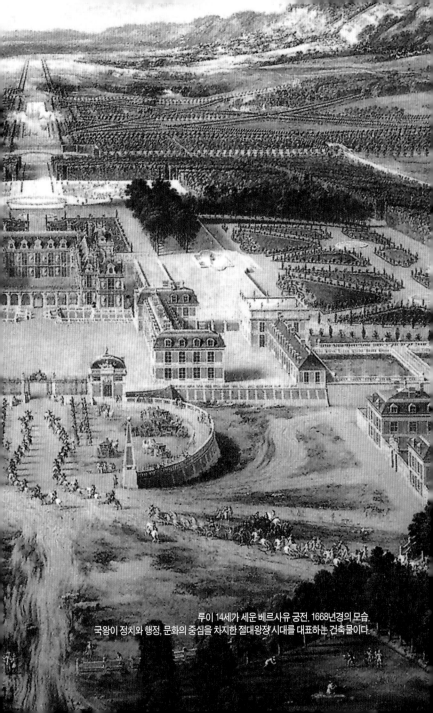

루이 14세가 세운 베르사유 궁전, 1668년경의 모습.
국왕이 정치와 행정, 문화의 중심을 차지한 절대왕정 시대를 대표하는 건축물이다.

이상의 아이들만 그 대상이 되었으나 점차 연령이 내려가 7살짜리 아이도 데려갔다.

그러나 이보다 더 역겨운 정책들이 뒤를 이었다. 병사들을 신교도들의 집에 강제숙영 시키는 방법이 특히 효과를 거두었다. 병사들을 할당받은 신교도들은 병사들을 재워줘야 할 뿐 아니라 식사도 제공해야 하였다. 병사들의 숙영소식이 전해지면 숙영할당이 이뤄지기 전에 개종이 이뤄질 정도였다.[59] 물론 신교도들이 마음에서 우러나와 개종한 것은 아니고 겉으로만 개종한 시늉을 한 것이다.

왕은 지방에서 올라오는 집단적 개종 보고에 만족해 하였다. 드디어 1685년 10월 18일 루이 14세는 프랑스에는 더 이상 위그노(신교도)가 존재하지 않는다고 선언하고 낭트칙령을 폐지해 버렸다. 20년 동안 시행해온 신교도 억압정책을 일거에 완성하려고 한 것이다. 칙령으로 신교도들의 예배당을 허물고 예배를 금지하였다. 또 신교도 학교도 폐쇄하고 목사들은 해외로 추방하였다. 그러나 신교도들이 다른 나라로 망명하는 것은 허용하지 않았다. 프랑스의 위그노들은 억지 개종을 하거나 몰래 외국으로 도주하는 것 외에는 다른 도리가 없었다.[60]

---

59 조르주 뒤비·로베르 망드루, 『프랑스문명사』 하권 487쪽.

60 위그노들에 대한 탄압과 그들의 고난의 역사는 많은 사람들의 동정을 자

도주 중에 붙잡히면 남자는 갤리선의 노를 젓는 노예로 끌려가고 여자는 수도원에 강제수용 되었다. 그러나 이러한 위험에도 불구하고 수많은 프랑스의 신교도들이 신앙을 버리기보다는 망명을 선택하였다. 재산을 비밀리에 처분하여 돈으로 바꾼 이들은 낮에는 숨고 밤에는 걸어서 국경으로 향했다. 무려 20만에서 30만 명에 달하는 신교도들이 외국으로 망명한 것으로 추정된다. 제네바를 비롯한 스위스 도시들과 네덜란드 그리고 영국, 독일의 신교도 공국들은 근면하고 신앙심 깊은 이러한 프랑스 신교도들을 얻음으로써 경제에 큰 활력을 얻게 되었다. 루이 14세의 프랑스는 경제적으로 큰 타격을 입을 수밖에 없었다.

돈이 없거나 아는 사람이 없어 국내에 남은 위그노들은 겉으로는 가톨릭으로 개종하였지만 내심으로는 자신들의 신앙을 버리지 않는 경우가 많았다. 외부의 이목을 피하기 쉬운 남부의 산악지역에서 위그노들의 비밀집회가 계속해서 열렸다. 루이 14세는 남프랑스 위그노들의 이러한 은밀한 활동에 대한 보고를 접하고 기병대를 파견하였다. 신교도들에 대한 가혹한 탄압과 살육이 뒤따랐다. 그러자 이제까지 왕의 권위에 도전하지 않던 신교도들이 자신들을 양심을 지키기 위해 무기

아내었다. 『자조론』으로 유명한 영국의 전기작가 사무엘 스마일스도 위그노들의 고난의 역사를 썼다. S. Smiles, *The Huguenots in France after the Revocation of the Edict of Nantes* (1881).

를 잡았다. 이것이 유명한 '카미사르 전쟁'이다.[61] 신교도들의 영웅적인 저항은 수년간 계속되었다.

루이 14세가 신교도들만 탄압한 것은 아니다. 그는 왕의 명령에 고분고분 따르지 않는 가톨릭의 한 분파인 장세니스트들에게도 탄압의 손길을 가했다.[62] 장세니스트들은 철학자 파스칼에게서 볼 수 있듯이 신교도와 비슷한 교리를 신봉한 사람들로서 내적인 경건을 강조하였다. 우리가 볼 때는 사소한 교리논쟁에 불과한 분쟁 끝에 예수회의 부추김을 받은 루이 14세는 장세니스트 수도원을 강제 해산시켰다. 장세니스트 지도자들은 처벌을 피해 해외로 달아났다. 그러나 프랑스의 엘리트 계층에서 장세니즘은 대단히 인기를 끌고 있었다. 특히 파리의 고등법원 법관들이 장세니즘에 우호적인 세력이 되었다. 이들은 '인민의 자유'라는 이름으로 절대왕정에 대한 완강한 반대 활동을 전개하였다. 그리하여 프랑스 왕정에 대한 적대적 여론 형성에 큰 기여를 하였다.

---

61 '카미사르'라는 말은 남프랑스의 세벤 산지에서 활약한 위그노들을 일컫는 말이다.

62 루이 14세는 너무 많은 사람들에게 원한을 샀던 것일까? 말년에 그 자손들의 연이은 죽음이 찾아왔다. 세자는 1711년 4월 천연두에 걸려 죽었고 다음 해 2월에는 세자의 아들인 부르고뉴 공작(당시 프랑스 인들은 그 아버지와 구별하기 위해 '작은 세자'라고 불렀다)과 부르고뉴 공작부인이 모두 죽었다. 1714년에는 또 다른 손자인 베리 공작이 사냥 중의 사고로 사망하였다. 아들과 두 손자의 죽음으로 인해 왕위는 다섯 살의 증손자인 루이 15세에게로 넘어갔다. 이영림,『루이 14세는 없다』334-336쪽.

18세기에 들어서는 정치에서 차지하는 종교의 역활이 큰 도전을 받게 되었다. 이는 근대 세계가 겪게 되는 세속화의 첫 단계라고 할 것이다. 계몽사상은 인간의 합리적 이성에 호소함으로써 인간정신에 대한 종교의 지배에 의문을 제기하였다. 많은 지성인들이 계몽사상을 지지하였다. 귀족들조차도 궁극적으로는 자신들의 계급적 이해와 배치되는 계몽사상에 경도될 정도로 계몽사상은 인기를 끌었다. 유럽의 왕들 가운데서도 계몽사상에 적극 동조한 사람들이 나왔다.

원래 중세부터 서양의 이상적인 군주는 교회의 가르침을 받들고 교회의 권위에 복종하는 기독교 군주였다. 그러나 교회의 가르침이 아니라 이성에 최고의 기준을 두는 계몽사상이 유럽 지성계를 휩쓸면서 이상적인 군주의 모습도 크게 달라질 수밖에 없었다. 군주는 무엇보다 인민의 행복을 위해 힘쓰는 국가의 으뜸가는 공복이라는 생각이 많은 군주들에게 수용되었다. 군주관이 세속화한 것이다. 계몽사상의 영향을 받은 군주들은 교회의 가르침이 아니라 계몽사상의 가르침을 실천하고자 하였다. 그렇다고 해서 계몽군주들이 자신들의 권력을 스스로 축소하고 인민의 권리를 신장한 것은 아니다. 자신들이 인민의 이익을 위해 통치하는 군주라는 것을 내세움으로써 오히려 자신들의 권력을 강화하였다.[63] 그들은 계몽사상으로

---

63 Leo Gershoy, *From Despotism to Revolution*, 50쪽.

프랑스에서 출간된
『백과전서』의 제1권
표지.『백과전서』는
계몽주의 시대를 대
표하는 거대한 문화
유산의 하나로 도판
을 포함 35권으로 구
성되었다. 당시의 산
업기술에 대한 상세
한 설명을 포함하고
있는 한편 정치적으
로 과격한 내용이 들
어 있어 프랑스 정부
가 발간을 정지시키
기도 하였다.

무장한 전제군주가 되었다.

이러한 18세기 계몽전제 군주 가운데 대표적인 인물이 프로이센 왕국의 프리드리히 2세(재위 1740-1786)와 오스트리아 황제인 요제프 2세(신성로마 제국 황제 재위 1765-1790)였다. 프리드리히 2세는 스스로 철학자 왕이 되는 것을 목표로 삼았는데 여기서 철학이라는 것은 계몽주의를 의미한다. 그는 당시 유럽의 지도적 계몽사상가인 볼테르를 자신의 궁정에 초청하고는 한동안 같이 지내기도 하였다. 계몽사상의 세례를 받은 그는 종교에 매이지 않았다. 종교상의 관용정책을 펼쳐 프로이센의 공식 종교인 루터교와는 입장을 달리하는 가톨릭의 예수회 신부들도 교사로 채용하였으며 다른 나라에서 핍박받는 유태인들도 경제발전에 도움이 된다고 생각하여 받아들였다.[64]

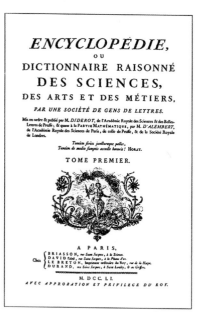

ENCYCLOPÉDIE,
OU
DICTIONNAIRE RAISONNÉ
DES SCIENCES,
DES ARTS ET DES MÉTIERS,
PAR UNE SOCIÉTÉ DE GENS DE LETTRES.

Mis en ordre & publié par M. DIDEROT, de l'Académie Royale des Sciences & des Belles-Lettres de Prusse; & quant à la PARTIE MATHÉMATIQUE, par M. D'ALEMBERT, de l'Académie Royale des Sciences de Paris, de celle de Prusse, & de la Société Royale de Londres.

Tantùm feries junéturaque pollet,
Tantùm de medio fumptis accedit honoris! HORAT.

TOME PREMIER.

A PARIS,
Chez { BRIASSON, rue Saint Jacques, à la Science.
DAVID l'aîné, rue Saint Jacques, à la Plume d'or.
LE BRETON, Imprimeur ordinaire du Roy, rue de la Harpe.
DURAND, rue Saint Jacques, à Saint Landry, & au Griffon. }

M. DCC. LI.
AVEC APPROBATION ET PRIVILEGE DU ROY.

---

[64] 그러나 프리드리히 대왕은 프로이센의 영토를 확대하기 위해 전쟁을 하는데 조금도 주저하지 않았다. 약소국으로 전락한 이웃 국가 폴란드의 영토 분할을 주도한 것도 그였다. 프리드리히 대왕에게서 볼 수 있듯이 계몽주의

유럽의 계몽전제 군주들 가운데서 프리드리히 대왕 이상으로 계몽사상을 국가의 총체적 개혁 프로그램으로 실행에 옮긴 인물이 오스트리아의 요제프 2세이다. 영화 『아마데우스』에서 어린 신동 모차르트의 연주를 들었던 왕이 바로 이 사람이다. 요제프 2세의 부친은 토스카나 대공이자 로렌 공작인 프란시스 1세였고 모친은 합스부르크 가의 왕녀 마리아 테레지아였다. 마리아 테레지아는 오스트리아 제국의 상속녀로서 제위에 올랐는데 남편을 공동통치자로 삼았다. 하지만 자연과학에 관심이 많았고 프리메이슨이기도 하였던 프란시스는 통치는 부인인 마리아 테레지아에게 맡기고 엽색행각에 몰두하였다. 그러나 그의 엽색행각도 두 사람 사이에 많은 자식이 태어나는 데에는 그리 큰 방해가 되지는 않았던 것 같다. 무려 16명의 아이를 낳았는데 그 가운데 세 명을 빼고는 모두 장성하였다. 아들은 다섯이었는데 요제프 2세가 장남이었다. 요제프는 볼테르와 백과전서파 사상가들의 책으로 교육을 받았다. 그가 계몽사상의 영향을 받았던 것은 지극히 당연한 일이었다.

모친인 마리아 테레지아가 죽고 자신에게 모든 권력이 주어지자 그는 자신의 신념을 정책으로 옮기는 일에 착수하였다. 무엇보다 먼저 교회의 영향력을 제한하고 종교적 관용을 실천

의 사도로 자처한 계몽전제군주들을 평화의 사도라고 생각하면 큰 오해다. 그들은 왕권에 대한 제한을 받아들이기를 원하지 않았을 뿐 아니라 왕가 혹은 국가의 이익이 요구할 때에는 주변국에 대한 침략도 주저하지 않았다.

하였다. 그의 종교정책은 유럽에서 가장 선진적이었다. 소수 종파에게 예배의 자유를 보장했을 뿐 아니라 오스트리아 가톨릭 교회를 로마의 영향으로부터 떼어내어 국가의 도구로 만들려고 하였다. 사제는 십일세를 박탈당하고 주교는 왕에게 충성을 선서해야 하였다. 그는 명상과 기도만 하는 수도원이 비생산적인 조직이라고 판단하여 수도원의 1/3 을 폐쇄시켜 버렸다. 교회법정을 없애고 결혼을 교회의 영역 밖에 있는 시민적 계약으로 규정하였다. 가톨릭 교회의 축일도 크게 줄였다. 이러한 그의 종교정책이 가톨릭 교도들의 격렬한 비난을 받은 것은 물론이다. 그러나 요제프 2세의 계몽주의 정책은 시대를 좀 앞선 것이었을 따름이다.

18세기 계몽군주들이 대담한 종교정책을 쓸 수 있었던 것은 무엇보다 시대가 변했기 때문이다. 종교 때문에 목숨을 걸고 싸우는 종교전쟁의 시대는 이제는 옛날 이야기가 되었다. 물론 군주에게 종교는 아직도 조심스럽게 다루어야 할 영역이었다. 특히 국민의 지지를 확보하는 것이 필수적인 정통성이 약한 군주들이 그러하였다. 혁명으로 나온 프랑스 공화국을 쿠데타로 무너뜨리고 집권한 나폴레옹에게서 우리는 이러한 신중한 태도를 엿볼 수 있다.

나폴레옹 보나파르트는 1799년 브뤼메르 쿠데타로 집권한 후 오래지 않아 혁명 이후 프랑스와 적대적인 관계에 있던 교황과 정교협약을 체결하였다.[65] 그는 혁명으로 인한 사회적 혼란과 갈등을 가라앉히고 안정된 통치기반을 확보하기 위해서는 로마 교황청과 프랑스 공화국의 관계를 개선하여야 할 필요성을 느꼈다. 혁명기 동안 많은 사람들이 구체제를 지지하는 가톨릭으로부터 등을 돌렸지만 가톨릭은 아직도 프랑스에서 지배적인 종교였기 때문이다. 그래서 그는 가톨릭의 이러한 지위를 인정하고 대신 소수파 종교에 대한 종교적 자유를 교황청으로부터 얻어내었다. 물론 가톨릭은 혁명 이전과 같이 프랑스의 국교의 지위를 회복한 것은 아니고 다수 프랑스 인의 종교로만 인정받았을 따름이다.

나폴레옹은 정교협약을 통해 프랑스 가톨릭 교회에 대한 실질적인 통제권을 확보하였다. 교회의 핵심직책인 주교직을 교황이 아니라 정부가 임명하였기 때문이다. 가톨릭 사제들은 정부의 통제를 받는 대신 급료를 국가로부터 받았다. 국가에 대한 충성의 선서를 해야 하는 한편 혁명기에 국가가 몰수한 가톨릭 교회재산에 대해서도 그 반환을 요구할 수 없었다.

이것이 1801년에 나폴레옹이 교황과 체결한 정교협약으로서 프랑스 혁명기에 이루어진 일들을 그대로 인정하는 성격의

---

65 '브뤼메르'는 혁명력의 달 이름이다. 안개의 달이라는 뜻이다. 나폴레옹이 쿠데타를 일으킨 것은 공화국 8년 브뤼메르 달 18일인데 일반달력으로는 1799년 11월 9일이다.

협정이라 할 수 있다. 협약을 통해 종교적 자유도 시민의 권리로 인정되었다.[66]

---

66 백년 후인 1905년 프랑스 제3공화국의 정교분리법은 한걸음 더 나아가 국가와 종교를 완전히 분리하여 종교에 대한 국가의 중립성을 확실히 하였다. 이로써 프랑스에서 국가와 교회의 분리라는 오랜 세속화 과정이 완성되었다.

5. 왕가의 결혼

오늘날 결혼은 사적인 일에 속한다. 그러나 왕정 시대에 군주의 결혼은 군주의 사적 행위가 아니었다. 국가가 왕의 재산이라는 관념이 남아 있었기 때문에 영토는 상속의 대상이 되었다. 그래서 돈이 많이 드는 전쟁으로 영토를 획득하는 것보다 결혼을 통해 영토를 넓히는 것이 더 경제적인 방법일 수 있었다. 유럽 왕가에서 혼인정책을 가장 성공적으로 실천한 것이 오스트리아의 합스부르크 가였다. 합스부르크 가문이 근대 초 유럽 제일가는 왕가가 될 수 있었던 데에는 혼인정책이 바탕이 되었다. 그 초석을 놓은 것이 앞에서 본 스페인 공주 후안나와 합스부르크 가문의 부르고뉴 공 필립의 결혼이었다. 이 결혼은 스페인 왕국과 합스부르크 제국을 한 사람의 통치자 아래 결합시키는 결과를 초래하였다. 16세기 전반 유럽의 정치를 지배한 카를 5세 황제가 그로부터 탄생하였기 때문이다.

친가로부터는 오스트리아 제국의 영토와 외가로부터는 스페인 지배 하의 광대한 영토를 물려받았던 카를 5세는 유럽 최강의 군주가 되었다. 그러나 그는 유럽의 종교적 분열을 막지 못했다. 실의 속에서 신성로마제국 황제의 자리와 스페인 왕위를 버리고 퇴위하였던 그는 합스부르크 가문의 영토에 대한 통치권은 동생 페르디난트에게 물려주고 스페인 왕위는 아들 펠리페 2세에게 물려줌으로써 합스부르크 가문은 오스트리아 합스부르크와 스페인 합스부르크 가문으로 갈라지게 되었다.

그런데 그의 사후 스페인 합스부르크 가문은 영토를 보전하기 위해 지나친 근친결혼을 고집하였다. 펠리페 2세 때부터 그 손자 펠리페 4세까지 모두 합스부르크 가문의 여자와 혼인하였던 것이다. 그 때문에 유전적으로 지극히 불길한 결과가 초래되었다. 근친결혼을 반복하면 열성인자가 지배하게 되어 후손들에게 다양한 유전적인 질병이 나타나게 된다. 펠리페 2세의 증손자인 카를로스 2세(1665-1700)에 와서는 근친결혼의 폐해가 극단적인 양상으로 나타났다. 그는 신체적으로나 정신적으로 불구자였다. 아래턱이 심하게 돌출되고 혀가 너무 커 항상 침을 질질 흘리며 어슬프게 말을 하였을 뿐 아니라 간질을 비롯한 여러 유전적 질병을 앓았다. 두 번이나 혼인을 하였지만 자식을 낳지 못해 그를 끝으로 스페인 합스부르크 왕가는 단절되고 말았다.

이 때문에 스페인 왕위는 프랑스의 부르봉 가문으로 넘어갔다. 왜 스페인 왕위가 외국 왕가의 수중으로 넘어갔을까? 이를 이해하기 위해서는 양국 왕가의 혼인관계를 살펴보아야 한다. 자식을 낳을 수 없었던 카를로스 2세에게는 자신보다 훨씬 나이가 많았던 누이가 있었다. 프랑스 왕 루이 14세의 왕비가 된 마리아 테레사였다. 마리아 테레사는 여섯 명의 자식을 낳았으나 장남인 루이를 제외하고는 모두 어릴 때 죽어버렸다. 왕위를 계승할 왕세자 루이에게는 세 명의 아들이 태어났다. 그 차남인 필립을 카를로스 2세는 유언장에서 자신의 왕위계승자로 지명하였다. 다시 말해 자기 누나의 손자인 프랑스 왕자 필립을 스페인 왕으로 지명하였던 것이다. 이 때문에 프랑스 왕자 필립은 펠리페 5세로서 스페인 왕위에 올랐다. 그로부터 소위 스페인 부르봉 왕가가 시작되었다. 필립의 스페인 왕위 상속 문제로 유럽에서는 무려 11년 동안이나 큰 전쟁이 계속되었다. 유럽의 여러 나라가 프랑스의 부르봉 가문이 스페인까지 지배하는 것을 두려워하여 필립의 왕위계승에 반대하였던 것이다. 그래서 이 전쟁은 '스페인 왕위계승 전쟁'이라는 긴 이름으로 불린다.[67]

---

67 스페인 부르봉 왕가의 통치는 혁명기 때 잠시 단절되었지만 부르봉 왕가

합스부르크 가문만이 아니라 거의 모든 왕가가 왕가의 세력 유지와 확대를 위해 정략결혼을 하였다. 애정으로 혼인관계를 맺는 일은 아주 드물었다. 이왕 프랑스 부르봉 왕가 말이 나왔으니 합스부르크 가와 더불어 근대 유럽의 쌍벽을 이룬 이 가문에 대해 좀 더 이야기 해보도록 하자.

프랑스의 부르봉 왕가는 앞에서 언급했듯이 종교전쟁기에 신교도(위그노) 진영의 영수였던 앙리 드 부르봉이 앙리 4세로서 왕위에 오름으로부터 시작되었다. 앙리 4세는 프랑스 왕이 되기 전에는 나바르 왕국의 왕이었다. 나바르 왕국은 피레네 산맥의 북부에 위치한 소왕국인데 오늘날 바스크 지방에 해당한다. 앙리 4세의 부친은 프랑스의 방돔 공작인 앙투안 부르봉, 모친은 잔 달브레였다. 앙투안 부르봉은 성 루이 왕의 9대 손인데 나바르 왕국의 공주(잔 달브레)와 결혼하는 바람에 나바르 왕국의 공동 통치자가 되었다. 그러나 이 부부는 종교적 신념이 달라 사이가 나빴다. 남편은 프랑스의 유수한 왕족이었기 때문에 프랑스 군대의 최고사령관으로서 신교도들과 싸웠으나 부인은 매우 신실한 위그노로서 프랑스 신교도 진영 지도자의 한 사람이었다. 두 사람은 결국 종교문제 때문에 별거하였다. 그리고 앙투안 부르봉은 가톨릭 진영에서 싸우다 전

자체는 혁명기를 넘어 살아남았다. 현재 스페인 국왕인 후안 카를로스 왕도 이 가문의 사람이다.

사하였다.

나바르 왕위를 어머니로부터 물려받고 프랑스 왕위도 차지한 앙리 4세의 결혼도 정략결혼으로 유명하다. 앙리 4세의 첫 번째 결혼은 신구교 양진영을 화해시키기 위해 카테린 왕비가 꾸민 것이다. 카테린 왕비의 딸인 마르게리트와의 결혼은 두 사람 모두 서로에 대해 충실하지 못해 파경으로 끝나고 말았다. 마르게리트도 여러 남자와 관계를 가졌지만 앙리 4세는 그보다 훨씬 공공연하게 부정을 저질렀다. 그의 애첩이었던 가브리엘 데스트레는 앙리 4세에게 여러 명의 아이를 낳아주

프랑스 왕 앙리 4세(재위 1589-1610). 부르봉 왕조의 시조로서 여성 편력으로도 유명하다.

었을 정도였다. 앙리 4세는 마르게리트 왕비에 대해서는 애정이 전혀 없었으나 왕비가 아들을 낳아주기를 간절히 원했다. 그러나 왕비가 이 기대를 충족시키지 못하자 결혼 자체를 무효로 만들어버렸다.

앙리 4세는 자신에게 헌신적이었던 가브리엘 데스트레와 결혼하려고 하였으나 이 여자의

갑작스런 죽음으로 그 뜻을 이루지 못했다. 앙리 4세는 가브리엘을 진정으로 사랑했다. 가브리엘의 사망 소식이 전해지자 비탄에 빠졌으며 검은 상복을 입고 왕비에 준하는 장례식을 치러주었다.

그렇다고 그의 여성편력이 중단되지는 않았다. 가브리엘이 죽은 다음 해에는 피렌체의 지배 가문인 메디치 가의 여자 마리 드 메디시스와 재혼하였다. 마리 왕비와의 결혼생활도 원만하지 못했다. 왕의 정부들 때문이었다. 왕비와 정부들 간의 다툼으로 궁정이 조용하지 못했다.

앙리 4세의 손자가 그 유명한 태양왕 루이 14세이다. 루이 14세의 결혼도 대표적인 정략결혼이었는데 결혼 자체가 프랑스와 스페인 사이의 강화조약의 일환으로 이루어졌다. 그 배경을 설명하자면 다음과 같다. 17세기 전반 유럽에는 신구교도 사이의 분쟁으로 시작된 '30년전쟁'이라는 긴 전쟁이 계속되었다. 이 전쟁은 유럽의 많은 나라들이 참전한 유럽판 세계대전이었는데 특이하게도 프랑스는 가톨릭 국가였지만 영국, 스웨덴, 덴마크, 브란덴부르크-프로이센 등으로 구성된 신교도 진영에 가담하였다. 유럽 정치의 주도권을 놓고 계속되어 온 합스부르크 가문과의 오랜 갈등이 종교적 이념보다 더 중요하게 작용한 것이다.

재미난 것은 신교도 진영으로 참전을 결정한 사람이 재상 리셜리외였는데 리셜리외는 가톨릭 교회의 고위성직인 추기경이었다. 재상 리셜리외가 볼 때 프랑스는 합스부르크 세력에 의해 포위되어 있는 형세였다. 북쪽에는 스페인령 네덜란드, 동쪽에는 오스트리아 합스부르크의 영토인 프랑쉬-콩테, 남쪽에는 스페인이 프랑스를 위협하고 있었다. 같은 가톨릭이지만 프랑스에게 위협이 되는 합스부르크 세력이 커지는 것을 두고 볼 수만 없었던 것이다.

스페인과 프랑스의 싸움은 1648년 베스트팔렌 평화조약에서도 종식되지 못했다. 스페인은 프랑스 내의 귀족반란을 원조하고 프랑스 역시 당시 스페인 지배 하에 있던 포르투갈, 카탈루냐, 이탈리아 등에서 일어난 반스페인 반란을 원조하였다. 양국의 전쟁은 1659년에 가서야 종식되었다. (피레네 조약) 프랑스는 포르투갈의 반란에 대한 원조를 중단하는 대신 지중해 연안의 루시용 지방과 스페인령 네덜란드(플랑드르 지방)의 일부를 얻었다. 평화조약의 한 조항이 프랑스 왕 루이 14세와 스페인 공주 마리아 테레사(프랑스어로는 마리 테레즈)의 혼인이었다. 스페인 왕가는 지참금으로 무려 50만 에퀴를 지불하기로 하는 대신 마리아 테레사가 스페인 왕위를 포함하여 부친의 모든 재산에 대한 상속권을 포기한다는 내용이었다. 그러나 스페인 왕 펠리페 4세는 약속한 지참금을 지불하지 못했다. 그가 죽자 루이 14세는 처가인 스페인에 대한 전쟁에 돌입하였다.

정략에 의해 이뤄진 결혼이 행복한 결혼이 되기는 어려웠을 것이다. 루이 14세 역시 그 할아비처럼 왕비 외에도 공공연하게 애첩을 두었으며 심지어는 애첩들을 왕비의 시녀로 임용하기도 하였다. 왕은 애첩들로부터 여러 명의 자식을 두었다. 마리아 테레사 왕비는 임종 직전 왕비가 된 후 하루도 행복한 날이 없었다는 말을 남기고 죽었다. 루이 14세가 처음으로 왕비에 대해 비애를 느낀 것은 그녀가 죽었을 때였다고 한다. 그러나 루이 14세는 왕비가 죽은 후 2개월도 되지 않아 애첩 맹트농 부인과 비밀 결혼식을 올렸다.[68]

루이 14세의 뒤를 이어 왕이 된 루이 15세는 그 증손자인데 루이 14세보다 훨씬 더 방탕하였다. 색욕의 노예가 되었던 왕은 한 귀족의 네 딸을 모두 첩으로 삼았으며 애첩 가운데 하나였던 퐁파두르 부인의 경우는 자신이 왕의 육욕을 충족시켜주지 못하게 되자 왕의 채홍사 역할을 했을 정도였다.[69] 루이 15

---

68 맹트농 부인은 아명이 프랑수아즈 도비네였다. 시인인 폴 스카롱과 결혼하였다가 과부가 된 후 또 다른 왕의 애첩 몽테스팡 부인의 주선으로 왕의 서자들을 돌보는 가정교사가 되었다. 그러다가 왕의 눈에 띄게 된 것이다. 맹트농 부인은 매우 경건하였는데 왕도 그녀의 영향을 받아 신심을 회복하였다고 한다. 그래서 어떤 사람들은 루이 14세가 낭트 칙령을 폐지하기로 결정한 것도 맹트농 부인 때문이었다고 한다.

69 퐁파두르 부인은 드물게도 평민 출신이었다. 이 때문에 귀족들의 질시를 많이 받았으나 대단히 지적이고 교양이 풍부한 여성이었다. 그녀는 많은 예술가와 작가들을 후원하여 프랑스 문화발전에 기여하였다.

세의 방탕한 생활이 국민들에게 널리 알려져 왕의 인기는 땅에 떨어졌다.

프랑스혁명기에 목이 달아난 루이 16세 역시 정략결혼의 희생물이다.[70] 루이 15세가 1756년 합스부르크 가문과의 두 세기에 걸친 싸움을 끝내기로 함에 따라 프랑스와 오스트리아 제국은 평화를 다질 요량으로 그 왕세자와 공주를 혼인시키기로 하였다. 그리하여 루이 16세가 오스트리아 여제女帝 마리아 테레지아의 딸인 마리 앙투아네트와 결혼하게 되었다. 결혼 자체가 외교적 협상의 산물이어서 혼인의례도 외교적 타협으로 결정되었다. 신부를 인도하는 의식도 외교관들의 협상으로 정해졌다. 양국의 궁내대신들은 신부를 인도하는 의식이 오스트리아 영토에서 치러져야 할 것인지 아니면 프랑스에서 치러져야 할 것인지를 놓고 끊임없는 논쟁을 벌였다. 그러다가 결국은 가장 공평한(?) 해결책을 찾아내었다. 프랑스와 오스트리아 영토의 국경을 흐르는 라인 강 가운데 위치한 무인도에서 신부의 인수·인계를 거행한다는 것이었다. 그 의식을 위해 모래섬 위에 목조가옥을 지었다. 마리 앙투아네트가 아직 황녀신분으로 발을 디딜 부속실은 동편 라인 강 쪽에, 의식이 끝난 뒤 프랑스 왕세자비가 되어 발을 디딜 부속실 두 개는

---

70 루이 16세는 루이 15세의 손자다. 아버지인 루이 드 프랑스가 세자의 신분으로 36세에 병사했기 때문에 왕위계승자가 되었다.

서편 라인 강 쪽에 지어졌다. 그 중간에는 신부인도
식이 거행될 홀이 들어섰다.[71] 또 신부의 인도는 오
스트리아와의 이별이기 때문에 오스트리아의 수행
원들은 한 발자국도 국경선을 넘어서는 안 되고 오
스트리아에서 신부가 입고 온 옷과 신발은 모두 그
곳에서 벗어버리고 프랑스에서 가지고 온 것을 입고
신어야 하였다.

오스트리아 출신의
프랑스 왕비 마리 앙
투아네트.

　루이 16세가 오스트리아 공
주와 결혼한 것은 프랑스혁명
의 향방에도 영향을 미쳤다.[72]
1791년 6월 파리의 튈러리 궁에
연금되어 있던 루이 16세 일가
가 외국으로 도망하다 붙잡히는
사건이 일어났다. 이 때문에 왕
실이 외국의 반혁명 세력과 내
통하고 있다는 의심을 받게 되

---

71 슈테판 츠바이크, 『마리 앙투아네트 베르사유의 장미』 32-33쪽.

72 루이 16세는 선왕처럼 육욕에 휩싸이지 않았다. 그는 부르봉 왕가의 전통
　이던 첩도 두지 않았다. 루이 16세는 결혼한 후에도 오랫동안 임포턴스로
　고통을 겪었다. 왕비를 육체적으로 만족시켜주지 못하기 때문에 느낀 죄책
　감 때문에 그는 왕비를 휘어잡지 못하고 그녀가 요구하는 대로 끌려다니는
　무기력한 남편이 되었다. 이러한 루이 16세의 개인적인 성격은 그의 통치에
　도 영향을 미쳤던 것으로 보인다. 슈테판 츠바이크, 앞의 책. 41-51쪽.

었다.[73] 루이 16세와 왕비 마리 앙투아네트의 개인적
신망이 결정적으로 타격을 입었을 뿐 아니라 왕정
제도 자체에 대해 여론이 크게 악화 되었다. 마리 앙
투아네트는 그의 친정인 오스트리아 왕실이 프랑스
의 혁명세력을 쳐부수고 프랑스 왕실을 구해주기를
원했다. 당시 오스트리아 황제로서 마리 앙투아네트
의 오빠였던 레오폴드 2세는 프랑스 사태에 무력개
입을 할 수 있다는 위협을 하였다. 레오폴드의 선언
은 실제로 전쟁을 하겠다기보다는 구두탄에 불과하
였지만 당시 프랑스 인들은 선언을 문자 그대로 받
아들였다.[74] 프랑스 혁명정부는 1792년 4월 오스트

외국으로 탈주하다
붙잡혀 돌아오는 루
이 16세 일가. 왕권의
추락에 결정적인 역
할을 하였다.

---

73 소위 '바렌느로의 탈주' 사건은 1791년 6월 20일에 일어났다. 탈주를 기획
한 것은 스웨덴 외교관인 악셀 폰 페르젠 백작과 프랑스의 브르퇴이유 남
작이었다. 페르젠 백작은 마리 앙투아네트의 연인으로 알려진 사람이고 브
르퇴이유 남작은 혁명전 루이 16세의 마지막 재상으로서 혁명이 일어나자
해외로 망명하여 왕가의 이익을 대변하는 외교활동을 하였던 인물이다. 두
사람은 국왕 일가를 변장시켜 왕당파의 요새가 있는 국경근처의 몽메디까
지 가도록 하였으나 도중에 왕의 얼굴을 알아본 바렌느의 우편마차국장 아
들에 의해 발각되었다.

74 이것이 유명한 '필니츠 선언'으로서 프로이센 왕과 공동으로 낸 선언이다.
그러나 레오폴드 황제는 실제로 전쟁을 할 의도는 없었고 프랑스의 혁명파
들을 위협하는 것에 그치려고 하였다. 선언의 구체적 내용은 다른 열강들

리아에 대해 선전포고를 하였다. 전쟁은 결국 마리 앙투아네트와 루이 16세를 모두 단두대에 서게 만들었다.

프랑스혁명의 아들이라 불리는 나폴레옹 역시 황제가 된 후 외국공주와 정략적인 결혼을 하였다.[75] 원래 나폴레옹은 브뤼메르 쿠데타로 집권하기 수년 전 조세핀 드 보아르네라는 매력적인 과부와 혼인한 바 있다.[76] 조세핀에 빠져 있던 나폴레옹은 황제가 된 후 그녀가 자신의 뒤를 이을 아들을 낳아줄 것을 원했으나 조세핀은 그 기대를 채워주지 못했다. 조세핀이 원래 아이를 낳지 못한 것은 아니다. 재혼시에 그녀에게는 이미 성년이 된 아들과 딸이 하나씩 있었다. 나폴레옹의 정부들은 아들을 낳았는데 조세핀은 나폴레옹에게 아들을 낳아주지

이 오스트리아와 프로이센 양국의 반프랑스 동맹에 가담할 때에만 행동하겠다는 것이었다. 알베르 소부울, 『프랑스대혁명사』 상권, 219쪽.

[75] 나폴레옹 보나파르트는 1799년 11월 9일에 정변을 일으켜 권력을 잡았는데 당시 사용되던 공화력으로는 브뤼메르 달 18일이다. 그래서 역사에서는 그의 쿠데타를 '브뤼메르 18일'의 쿠데타라고 한다. 그의 조카가 되는 루이 나폴레옹 (나폴레옹 3세)도 쿠데타를 일으켜 프랑스 제2제정을 세우고 황제가 되었다. 카를 마르크스는 그의 쿠데타를 분석한 책자 이름을 『루이 보나파르트의 브뤼메르 18일』이라고 붙였는데 마르크스의 천재성이 유감없이 발현된 작품이다.

[76] 조세핀은 카리브 해에 있는 프랑스 식민지 마르티니크 출신으로서 부유한 귀족과 결혼했으나 남편 보아르네 자작은 귀족의 음모에 가담했다는 이유로 혁명정부에 의해 단두대에서 처형되었다. 남편 사후 얼마 되지 않아 나폴레옹과 재혼하였다. 당시 나폴레옹은 왕당파의 폭동을 진압하여 정부를 구원한 인물로 매우 촉망받는 젊은 장군이었다. 1796년 3월 9일 결혼식을 올린 이틀 후 나폴레옹은 이탈리아 원정을 떠났다.

못한 것이다. 나폴레옹은 이를 구실로 조세핀과 이혼하였다. 죽이지 않고 이혼만 했으니 영국의 헨리 8세에 비해 나폴레옹은 얼마나 인간적인가!

조세핀의 애원과 반대에도 불구하고 나폴레옹은 이혼을 단행하였다. 나폴레옹은 러시아 황제의 누이인 과부 예카테리나에게 청혼하려고 하였지만 이 여성은 청혼소식에 경악하였다. 나폴레옹은 예전 프랑스의 적국이었던 오스트리아 황제 프란츠 2세의 딸인 18세의 마리 루이즈에게 청혼하였다. 프랑스 인들은 오스트리아 황실 출신이었던 마리 앙투아네트를 떠올리고는 불길한 예감을 가졌다. 마리 루이즈

나폴레옹의 황제 대관식. 자기 손으로 제관을 쓰고 있다. 무릎 꿇고 두손 모은 여자는 왕비 조세핀이다.

는 나폴레옹과의 전쟁에서 패배하여 의기소침 하였던 조국을 위한다는 마음으로 청혼을 받아들였다. 나폴레옹은 이 결혼을 통해 합스부르크 가문의 사위이자 죽은 루이 16세의 조카사위가 되었다.[77] 그리고 무엇보다 결혼 후 일년 만에 나폴레옹이 그토록 기다리던 아들이 태어났다. 이 아기는 나폴레옹으로부터 로마 왕이라는 작위를 받았다.

나폴레옹은 아들에게 자신의 제국을 넘겨주기를 원했다. 그러나 역사는 나폴레옹의 희망대로 흘러가지 않았다. 나폴레옹은 오스트리아 공주와의 결혼을 통해 오스트리아를 중립국으로 만들었지만 러시아와의 전쟁에서 패배하는 바람에 결국 황제의 자리에서 쫓겨났다. 마리 루이즈 왕비는 나폴레옹의 몰락 후 남편을 따라 유배지인 엘바 섬으로 가지 않았다. 네 살짜리 어린 아들을 데리고 친가인 오스트리아로 돌아가 버렸던 것이다. 물론 그녀는 다시는 남편을 만나지 못했다.

프랑스 이야기를 했으니 이제 바다 건너 영국으로 건너가 보자. 백년 전쟁으로부터 근대 수백년 동안 프랑스와 원수관계에 있던 영국 왕가도 일찍이 대륙에서 처녀들을 데려와 혼인을 하였다. 중세 시대 영국 왕들은 태반이 프랑스 공주나 프랑스 대귀족의 딸과 혼인하였다. 에드워드 1세는 프랑스 왕 필립 3세의 딸과 혼인하였으며 에드워드 2세는 필립 4세(미

---

77 조르주 보르도노브, 『나폴레옹 평전』, 425쪽.

남왕)의 딸과 결혼하였다. 이 때문에 그의 아들 에드워드 3세 때에는 프랑스에 있는 왕의 봉토 문제로 프랑스 왕과 분쟁이 일어났다.[78] 에드워드 3세는 외할아버지가 프랑스 왕 필립 4세였다는 사실을 들어 자신이 프랑스 왕위계승권을 갖는다고 주장하였다. 필립 4세의 세 아들은 모두 아들이 없이 죽었기 때문에 자신이 필립 4세의 혈통을 이은 유일한 남자라는 것이다. 그러나 외국인 왕을 프랑스 왕으로 받아들일 생각이 없던 프랑스 귀족들은 왕위계승권은 남자를 통해서만 전승된다는 중세 초의 살리카 법전을 내세워 에드워드 3세의 주장을 일축하고 필립 4세의 조카인 발루아 가문의 필립을 왕으로 옹립하였다. 이 사람이 필립 6세로 발루아 왕가의 시조가 된다.

근대에 와서도 영국 왕실은 외국 여성을 대거 며느리로 맞이하였다. 헨리 7세가 정치적인 전략의 일환으로 스페인의 공주인 카테리나를 며느리로 데려왔음은 앞에서 말한 바 있다. 헨리 8세가 이 카테리나 왕비에게서 낳은 딸이 메리 여왕(메리 1세)이다. 메리는 그의 어머니 쪽 친척인 스페인 왕 펠리페 2세와 결혼하였다. 메리가 후사 없이 죽자 그의 배다른 여동생인 엘리자베스 1세가 왕위를 계승하였다. 엘리자베스가 미혼으로 죽자 스코틀랜드의 왕이 영국 왕위를 차지하였다. 당시

---

78 당시 영국 왕들의 재위기간은 다음과 같다. 에드워드 1세 : 1272-1307, 에드워드 2세 : 1307-1327, 에드워드 3세 : 1327-1377.

스코틀랜드 왕인 제임스 6세의 외증조할머니가 영국 왕 헨리 7세의 딸이었기 때문이다. 그래서 스코틀랜드 왕인 제임스 6세는 영국 왕 자리를 겸하였다. (영국 왕으로는 제임스 1세라고 한다) 두 나라가 하나로 합쳐진 것은 아니고 왕만 같은 사람이었다. 스튜어트 왕가는 스코틀랜드보다 훨씬 큰 영국을 차지하였으니 운이 좋았다고 할 것이다. 그러나 다른 한편으로는 불행의 씨앗이 되었다. 제임스 1세의 아들 찰스 1세는 소위 청교도 혁명기의 내전에서 의회파에 패하는 바람에 단두대에서 목이 달아났다.

왕가의 결혼은 사가私家의 결혼과는 달리 커다란 정치적 결과를 낳은 경우가 많았다. 특히 결혼에 수반된 왕가의 출산은 후계자의 결정과 밀접하게 연관되어 있었기 때문에 엄청난 정치적 의미를 가졌다. 앞에서 말한 영국 스튜어트 왕가의 경우를 살펴보자. 찰스 1세의 사후 영국은 왕이 없는 공화국 Commonwealth 시대를 거쳐 왕정으로 복귀하였다. (1660) 영국 왕 찰스 2세는 처형된 찰스 1세의 아들인데 딸이고 아들이고 자식을 전혀 생산하지 못했다. 그렇다면 왕위는 그 동생인 제임스에게로 넘어가게 된다. 문제는 왕위계승 후보자인 제임스가 가톨릭 신자라는 점이다. 영국은 가톨릭에서 떨어져 나온 신교도 국가로 가톨릭이라면 알레르기 증세를 보이는 사람들이 많았다. 영국의 적이었던 스페인와 프랑스는 대표적인 가톨릭 국가이며 모두 왕이 전제적인 권력을 휘두르는 나라이다. 영국인들은 가톨릭이라면 영국 국민의 자유를 억압하는 절대군주정을 떠올렸다. 그래서 영국 하원의 일부 세력은 가톨릭 신자가 왕이 되는 사태를 이면 수를 써서라도 피하려 하였다. 그들은 가톨릭 교도인 제임스의 왕위계승을 배제하는 것을 법으로 확정하려고 하였으나 왕은 의회해산으로 맞섰다. 결국 제임스의 왕위계승을 배제하는 법안은 상원에서 부결됨으로써 의회의 시도는 실패로 돌아갔다. 제임스의 왕위계승을 둘러싼 정치적 갈등 속에서 의견을 달리하는 두 당파가 형성되었는데 제임스의 왕위계승을 배제하는 법을 통과시키려고 한 당이 휘그 당이고 배제법안을 반대한 당이 토리 당이다.

이러한 과정을 겪으며 왕위에 오른 제임스 2세는 휘그 당이 우려한 대로 가톨릭 교도들을 고위관직에 임명하는 등 친가톨릭 정책을 추진하였다. 의회는 제임스 2세에게 신교도 신앙을 공언한 두 딸만 있기 때문에 친가톨릭 정책에 대해 어느 정도 참을 수 있었다. 그러나 왕의 젊은 두 번째 왕비가 임신하자 사정은 달라졌다. 이탈리아 출신인 둘째 왕비 메리는 독실한 가톨릭 신자여서 아들을 낳는다면 그가 가톨릭이 될 것은 명약관화한 사실이었다. 이제 영국에 가톨릭 왕조가 들어설 가능성이 대두한 것이다. 실제로 메리 왕비는 아들을 낳았다. 우려한 사태가 현실로 나타나자 의회는 제임스 2세의 맏딸인 신교도 메리와 그 남편인 네덜란드의 빌렘 3세를 영국 왕으로 추대하려 하였다. 이렇게 해서 일어난 혁명이 소위 명예혁명 Glorious Revolution이다.

영국 의회가 왕으로 추대하려고 한 메리 스튜어트의 남편 빌렘은 영어로는 윌리엄이다. 윌리엄은 당시 네덜란드 공화국의 국가원수인 '스타트하우더stadhouder'였다. 원래 스타트하우더는 네덜란드가 스페인 왕의 지배를 받던 시절에는 스페인 왕을 대리하는 총독이었지만 네덜란드가 스페인 지배로부터 독립한 후에는 각주의 통치권을 부여받은 국가원수와 같은 존재가 되었다.[79] 윌리엄의 오라네-나싸우 가문은 16세기부터 스페인의 압제에 맞서 네덜란드의 독립전쟁을 이끈 명문이다.[80] 윌리엄 3세는 당시 가톨릭 진영을 주도한 프랑스 루이 14세에 맞서 싸운 유럽 신교도 진영의 지도자였다. 제임스 2세를 축출하려는 음모를 꾸민 영국의 귀족들은 그 사위이자 유럽의 신교도 지도자 윌리엄 공이 영국의 새로운 왕으로서

---

[79] 주경철, 『네덜란드, 튤립의 땅, 모든 자유가 당당한 나라』 188쪽.

[80] 오라네는 프랑스에 있는 오랑쥐라는 지명에서 나왔다. 나싸우는 현재 독일의 라인팔츠 지역에 있던 성의 이름이다. 오라네-나싸우 가문의 윌리엄 1세(윌리엄 침묵공 : 1533-1584)는 윌리엄 3세의 선조로서 스페인에 항거하여 네덜란드의 독립투쟁을 이끈 사람이다. 스페인 왕이 그의 목에 건 현상금 때문에 한 프랑스 가톨릭 교도에 의해 살해당했다. 그의 손자 윌리엄 2세와 증손자 윌리엄 3세 모두 네덜란드의 국가 원수를 역임하였다. 네덜란드가 국제적으로 독립을 인정받은 것은 윌리엄 2세 때인 1648년 베스트팔렌 조약에 와서이다.

적격이라고 본 것이다.

영국 의회로부터 왕으로 초대받은 윌리엄 3세는 네덜란드 군대를 이끌고 영국에 상륙하였다. 영국 왕 제임스 2세는 사위인 윌리엄의 군대에 공격 한 번 제대로 해보지 못하고 템스 강에 옥새를 버리고 프랑스로 도주하였다. 의회는 그 딸인 메리와 윌리엄을 영국의 공동통치자로 선포하였다.

이 명예혁명의 역사적 의의는 의회가 통과시킨 권리장전Bill of Rights이라는 문서에 있다. 권리장전의 원래 명칭은 '신민의 권리와 자유를 선언하고 왕위계승을 정하는 법'이다. 권리장전은 제임스 2세의 불법행위를 나열하고 의회의 동의 없는 법집행이나 과세, 상비군 유지 등을 모두 불법으로 규정하였다. 의회는 인민을 대변하는 기관이므로 의회의 동의는 인민의 동의를 뜻한다. 요컨대 통치행위의 정당성을 인민의 동의에 둔 것이다. 이는 왕의 권력이 신에 의해 부여된 신성한 것이라는 서양의 오랜 기독교적 관념을 부인하고 권력의 원천을 인민에게서 구한 근대 민주주의의 출발점이라 해도 과언이 아니다. 권리장전으로부터 의회가 제정한 법에 토대를 두는 왕정, 의회가 제정한 법의 테두리 내에 왕의 권력을 가두는 입헌왕정의 시대가 열렸다. 영국의 왕정은 살아남았지만 그것은 대륙과 같은 절대군주정이 아니라 의회의 통제를 받는 입헌왕정이었다.

영국의 공동 왕인 메리 여왕과 윌리엄 3세에게는 자식이 없었다. 그래서 왕위는 윌리엄 3세의 사후 메리 여왕의 여동생 앤 공주에게 넘어갔다. 앤 여왕은 덴마크 왕자와 결혼한 상태였으나 왕위에 올랐을 때에는 자식이 하나도 없었다. 모두 13번의 유산을 하고 그나마 태어난 네 명의 아이들도 일찍 죽어버렸다. 가장 오래 살아남은 아들 글러스터 백작이 겨우 11살까지 살았으니 앤 여왕은 자식 복은 지지리도 없는 여자였다.

글러스터 백작이 죽었을 때 당시 왕인 윌리엄 3세나 그의 처제인 앤 모두 다시 아이를 낳을 가능성이 없는 것으로 사람들은 생각하였다. 그래서 영국 의회는 가톨릭 신도인 선왕 제임스 2세가 후비에게서 낳은 자식들에게로 영국 왕좌가 넘어갈 위험이 있다고 보았다. 실제로 당시 유럽에서는 아직도 종교적 이유 때문에 국가들 간에 전쟁을 하고 또 왕이 종교가 다른 자신의 신민들을 죽이거나 내쫓는 일이 벌어지고 있었다. 바다 건너 프랑스에서는 신교도인 위그노에 대한 끔찍한 박해가 진행되고 있었다. 프로테스탄트 세력이 우세한 영국 의회는 가톨릭이 영국 왕위를 접수할 가능성을 봉쇄하기 위해 서둘러 왕위계승법을 제정하였다.

이 법은 신교도 왕인 윌리엄 3세와 그 처제 앤의 후사가 없는 경우 왕위는 앤에게서 독일 하노버 가문의 소피아와 그의 신교도 자손들 ― 가톨릭 교도와 결혼하지 않아야 한다는 조건이 붙었

<영국 스튜어트 왕가 가계도>

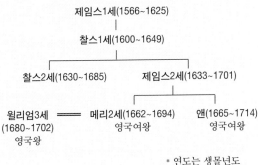

제임스1세(1566~1625)
|
찰스1세(1600~1649)

찰스2세(1630~1685)   제임스2세(1633~1701)

윌리엄3세 ══ 메리2세(1662~1694)   앤(1665~1714)
(1680~1702)   영국여왕   영국여왕
영국왕

* 연도는 생몰년도

다 ─ 에게 넘어간다고 상세히 규정하였다. 소피아는 독일 팔츠 영방의 선제후인 프리드리히 5세의 딸로서 족보를 조사해 보면 제임스 1세의 외손녀이다.

소피아가 왕위계승권자로 지목받았을 때는 이미 71세의 나이였다. 소피아 공주는 앤 여왕보다 불과 몇 주 전에 죽는 바람에 실제 영국 왕이 되지는 못했다. 왕위는 결국 앤 여왕에게서 소피아의 장남인 하노버 선제후 게오르그 루드비히에게로 넘어갔다. 이 사람이 영국 왕으로서는 하노버 왕가의 첫째 왕인 조지 1세이다.[81] 영어를 모르는 독일 사람이 영국 왕이 된 것이다.

---

81 원래 하노버 가문의 영지는 브뤼슈바이크-뤼네부르크인데 그 수도인 하노버의 이름을 따 하노버 왕조라고 불렀다.

독일 출신인 조지 1세 이후 영국의 왕자들은 대부분 독일의 공주들과 혼인하였다. 왕자만이 아니라 공주도 독일인과 혼인하는 일이 많았다. 1837년부터 1901년까지 무려 64년이나 영국 왕 노릇을 하였던 빅토리아 여왕 역시 남편이 독일 사람이었다. 작센-코부르크-잘펠트 공국의 왕자인 알버트였다. 알버트 공과 여왕은 사촌이었으니 근친결혼인 셈이다. 둘은 1840년에 결혼하여 21년간 결혼생활을 하였는데 알버트 공이 1861년 장티푸스로 사망하기까지 여왕과의 사이에서 9명의 아이를 낳았다.

빅토리아 여왕 즉 알렉산드리나 빅토리아가 낳은 많은 자식들 가운데 여러 명이 다른 나라 왕실과 혼인하였다. 장녀 빅토리아는 프로이센 황태자 프리드리히와 결혼하였는데 이 사람이 독일 제국의 2대 황제가 되었다. 이들의 아들이 독일 제국의 마지막 황제 빌헬름 3세이며 딸 소피아는 그리스 왕비가 되었다. 여왕의 장남 알버트는 덴마크 공주와 결혼하였다. 차녀 알리스는 헤센 대공과 결혼하였는데 그 딸이 러시아의 마지막 왕비 알렉산드라였다. 차남 알프레드는 러시아 황제 알렉산더 2세의 사위가 되었다. 3녀 헬레나 공주는 슐레스비히-홀스타인 공국의 왕자와 혼인하였고 3남 아서 왕자는 프로이센 출신 공주에게 장가들었다. 막내딸 베아트리스는 독일의 헤센 공작 집안에 시집갔는데 그 딸이 스페인 왕비가 되었다.

이처럼 빅토리아 여왕의 자식들은 대부분 유럽의 왕실과 혼인하여 영국 왕실은 유럽의 왕실과 광범한 인척관계를 맺었다. 유럽의 왕실이 혼인관계로 얽히게 된 것이다.

유럽 왕실들과 밀접한 혼인관계를 구축하는 데 빅토리아 여왕과 비견할 만한 솜씨를 보인 인물이 있다. 덴마크 왕 크리스티안 9세(재위: 1863-1906)이다. 그는 원래는 슐레스비히-홀스타인 공작 가문의 아들이었는데 운 좋게도 부인을 통해 덴마크 왕위를 얻었다. 그보다 왕위계승권이 우선한 사람들이 많았으나 자식이 없이 일찍 죽거나 스스로 그 권리를 포기하는 바람에 크리스티안이 덴마크 왕이 될 수 있었던 것이다. 3남 3녀를 두었는데 장남은 당연히 덴마크 왕위를 이어받았고 장녀는 앞에서 말한 영국 빅토리아 여왕의 장남과 결혼하여 영국 왕비가 되었다. 차남은 운 좋게도 17세에 그리스 왕으로 선출되었다. 차녀는 러시아의 알렉산더 3세의 왕비가 되었다. 그 결과 그의 손자 중에는 러시아 황제, 영국 왕, 덴마크 왕, 그리스 왕이 있었다. 그래서 당시 사람들은 빅토리아 여왕을 '유럽의 할머니', 크리스티안 9세를 '유럽의 장인'이라고 불렀다.

일차대전 직전 유럽 왕실들은 이처럼 인척관계로 얽혀 유럽 왕가는 하나의 일가를 이루었다고 해도 과언이 아니다. 역설적인 것은 이러한 유럽의 왕가는 그 탄탄한 관계에도 불구하고 일차세계대전이라는 대전쟁을 막는 일에는 무력했다는 점이다. 예를 들어 독일의 빌헬름 2세는 러시아 황제 니콜라이 2세 및 영국 왕 조지 5세와는 사촌이었지만 전쟁을 막지 못했다. 독일의 빌헬름 황제와 러시아 니콜라이 황제는 두 나라가 전쟁으로 치닫고 있을 때 비밀전보를 통해 자신은 평화를 원하지만 상대방이 군대에 동원령을 내려 문제라고 하면서 서로에게 자제를 요청하였다. 그러나 곧 상황은 황제들의 통제를 넘어섰다. 황제들도 전쟁으로 치닫는 자국의 분위기를 어찌할 수 없었던 것이다. 전쟁을 막지 못한 두 사람은 결국 황제의 자리를 내어놓아야 했는데 그 가운데 한 사람 즉 러시아 황제 니콜라이 2세는 자신과 가족의 몰살이라는 큰 대가를 치러야 하였다. 영국 왕 조지 5세는 사촌인 러시아 황제 일가에게 피난처를 제공하기를 거부하였다. 같은 연합국 진영의 국가이기는 하지만 러시아 황제가 국민의 자유를 억압하는 폭군으로 영국민들에게 인식되고 있으며 또 러시아 왕비가 친독일적 성향을 보이고 있음을 이유로 피난처 제공에 반대하였던 것이다.

6. 왕정의 종말

왕정은 인류의 문명생활과 함께 시작되었다고 해도 과언이 아닐 정도로 오랜 역사를 가진 제도이다. 이 제도는 그리스-로마 시대에 잠시 흔들린 적이 있으나 본격적인 왕정의 종말은 근대에 와서 이루어졌다. 이 장에서는 인류의 오랜 제도인 왕정이 서양에서 어떻게 종식되고 새로운 제도로 대치되어 가는지를 살펴보려고 한다.

1) 영국의 실험

영국인들은 지금까지 왕정을 유지하고 있다. 물론 왕은 실제로 통치하지는 않는다. 명목상의 군주에 불과한 것이다. 그러나 영국은 근대 유럽에서 가장 일찍 왕정을 폐지하고 공화정을 실험하였다. 그것도 왕을 죽이기까지 하면서 말이다.

스튜어트 왕가의 찰스 1세(재위 1625-1649)는 의회와 관계가 나빴다. 왕은 의회의 동의 없이 관세를 거두고 강제공채를 시행하였다. 그뿐 아니라 왕은 가톨릭 교도인 프랑스 공주(앙리에타 마리아)와 결혼하였을 뿐 아니라 칼빈 교도들을 억압하였다. 의회는 왕이 가톨릭교를 부활하려는 것이 아닌지 의심하였다.

그러나 시끄러운 의회도 왕이 해산하면 그만이었다. 당시 의회는 오늘날과는 달리 왕 스스로 의회의 도움이 필요로 할때 소집하는 것으로 의회의 도움 없이 통치해 나갈 수 있으면 굳이 소란스럽고 성가신 의회를 소집하려 하지 않았다. 그런데 찰스 1세는 스코틀랜드와 전쟁을 하게 되었다. 당시 스코틀랜드의 왕도 찰스 1세였지만 영국과는 별개의 나라였다.[82] 스코틀랜드에는 칼뱅파 즉 장로파들이 많았는데 왕이 이들의 감정과 신조에 어긋나는 종교정책을 강요함으로써 스코틀랜드 인들이 들고 일어난 것이다. 왕은 전비를 모으기 위해 1640년 의회를 소집하였다. 의회는 소집되자마자 왕의 총신들을 탄핵하고 왕의 정책을 비판하는 간주를 올렸다. 왕은 자신의 정책에 대한 비판을 주도하는 의회의 지도자들을 체포하

---

[82] 두 나라는 1707년에 통합되었다. 잉글랜드 왕국과 스코틀랜드 왕국이 그레이트브리튼 통일왕국United Kingdom of Great Britain이 된 것이다.

기 위해 몸소 군대를 이끌고 의회로 행차하였다. 하지만 이들은 사전에 왕의 의도를 알아채고 도주하였다. 빈손으로 물러나야 하였던 왕은 군대를 모으기 위해 런던을 떠나 북부로 향했다. 내전의 시작이었다.

수년을 끈 내전에서 왕은 패배하였다. 찰스 1세는 포로가되어 자신의 재판을 위해 설치된 특별법원에 끌려나왔지만 왕을 재판할 수 있는 사람은 없다고 주장하였다. 자신의 권력은 신과 영국의 전통과 법에 의해 주어진 것이지만 자신을 심판하는 자들은 단지 무력의 우위를 점하고 있을 따름이라고 항변하였다. 특별법원은 왕에게 스스로를 변호할 기회를 주었지만 왕은 거부하였다. 신으로부터 권력을 부여받은 왕은 잘못을 범할 수 없다고····

찰스 1세는 "공공의 이익과 영국 국민의 공통된 권리와 자유, 정의에 반하여 자신과 가족의 사적 이익을 위하여" 권력을 남용하였다고 비난을 받았다. 다시 말해 의회와 의회가 대표하는 인민에 대하여 전쟁을 벌임으로써 인민에 대해 반역죄를 범했다는 것이다. 특별법원은 왕에게 사형언도를 내렸다.

찰스 1세는 1649년 1월 30일 런던의 화이트홀 광장에서 참수형에 처해졌다. 영국 역사상 최초로 왕정이 폐지되고 공화국이 수립되었다.[83] 의회군의 지도자로서 명성을 날린 올리버

---

83 당시 공화국을 'Commonwealth' 라고 하였다. 공공의 행복이라는 뜻이다.

크롬웰이 호국경Lord Protector이라
는 칭호로 종신 국가원수가 되
어 실질적으로는 왕과 다름없
는 권력을 휘둘렀다. 왕이 아
닌 그가 강력한 권력을 누린 것
은 군대의 굳건한 지지를 받았
기 때문이었다. 그러나 그의 사
후 호국경의 자리에 오른 아들 리처
드는 아버지와 같은 권력기반이 없었다.

호국경
올리버 크롬웰.

군대로부터 불신을 받았던 그는 결국 의회에 의해
사임을 강요당했다. 그 뒤를 이은 정치적 혼란 가운
데 조지 몽크 장군이 실세로 등장하였다. 이 사람은
크롬웰 밑에서 스코틀랜드 총독을 역임한 사람이었
지만 공화국에 대한 신념은 없었다. 몽크 장군은 해
외에 망명 중인 찰스 2세와의 은밀한 교섭 끝에 그를
불러들여 왕정을 복위시켰다. 물론 공식적으로는 새
로운 의회 - 이 의회는 내전기의 의회와는 달리 왕당파들이
지배하였다 - 가 왕을 불러들인 것으로 하였다. 근대
초유의 공화국의 실험은 영국에서 20년을 넘기지 못
하고 실패로 돌아갔다. 그러나 공화국이 실패하였다
고 영국에서 대륙식의 절대군주정이 정착한 것은 아

니다. 그 뒤에 일어난 명예혁명으로 의회가 왕권을 제한하는 입헌군주정이 영국의 정치체제가 되었기 때문이다.

2) 프랑스혁명

1789년에 일어난 프랑스혁명은 원래는 왕정의 폐지를 의도하지 않았다. 삼부회의 제3신분 의원들이 중심이 되어 결성한 국민의회는 영국식 입헌왕정을 수립하기를 원했다. 왕은 입법부와 권력을 나눠가져야 했으나 각료도 자신의 마음대로 선발할 수 있었으며 또 법안에 대한 거부권도 가졌다. 왕의 권한을 상당히 인정해 준 셈이다. 그러나 당시 왕인 루이 16세는 난국을 헤쳐 나갈 만한 정치적인 감각과 결단력이 없었다. 사냥과 목공 취미에 빠져 있던 그는 왕의 능력이 국가의 운명에 얼마나 중요한 것인지를 일깨워 주는 좋은 사례일 것이다.

왕은 여러 차례 결정적 실수를 저질렀다. 1789년 8월 국민의회에서 통과한 봉건제 폐지 관련법들도 재가하지 않았으며 9월에는 혁명에 대해 적대적인 플랑드르 연대를 베르사유로 불러들여 민중의 분노를 불러일으켰다. 1789년 10월폭동은 왕의 이러한 반혁명적 태도 때문에 일어났다. 7~8천 명에 달하는 파리 여자들이 왕이 거처하는 베르사유 궁에 난입하는 일이 벌어졌다.[84] 왕과 그 가족은 이들에 의해 파리로 끌려왔

---

84 파리의 여자들이 베르사유까지 몰려간 데에는 조직적인 공작이 있었기

베르사유로 행진하는 파리의 여인네들. 창을 들고 대포를 끌고 가는 것을 볼 수 있다. 이들은 왕과 그 가족을 파리로 끌고 와 민중의 감시하에 두었다.

다. 오랫동안 버려두었던 튈러리 궁에 국왕 일가는 사실상 연금상태에 처해졌다. 그런데 왕은 또 한 번 결정적 실수를 범한다. 해외에 망명한 반혁명 세력과 접촉하여 몰래 외국으로 도망가려는 시도를 하였는데 그만 동부 국경 근처 마을인 바렌느에서 발각되고 말았다.(1791년 6월) 도주의 실패로 왕에 대한 여론이 급속히 악화되었다. 왕이 외국의 적들과 내통하고 있다는 의심이 신빙성을 얻게 된 것이다. 그 결과 왕정의 폐지를 주장하는 당통, 브리쏘, 데물랭 등 급진파들의 목소리가 높아졌다.

그런 가운데 신성로마제국 황제와 프로이센 왕은 루이 16세의 안전에 위협이 가해지면 프랑스를 침공할 수 있다는 위협을 하였다.(1791년 8월 27일 필니츠 선

때문에 가능했던 것으로 보인다. 우발적인 사건이 아니었다. 왕에 대해 압박을 가하기 위한 공작이었지만 정확한 배후는 밝혀지지 않았다.

언) 필니츠 선언은 프랑스 인들에게, 특히 급진파들에게는 프랑스에 대한 선전포고로 여겨졌다.

다음 해인 1792년 봄 프랑스와 유럽 군주국들과의 전쟁이 시작되면서 파리 시민들의 분위기가 과격한 방향으로 치달았다. 1792년 7월 25일 프로이센 군의 지휘관인 브룬슈바이크 공은 만약 파리 시민들이 루이 16세와 왕실을 모욕하는 일이 일어난다면 무자비한 보복을 하겠다는 위협을 하였다. 파리 시민들은 흥분하였다. 1792년 8월 9일 밤 무장한 파리 시민들이 당통을 비롯한 급진파 지도자들의 지휘 하에 왕가가 거처하고 있는 튈러리 궁으로 몰려가 궁을 지키던 근위대와의 전투가 벌어졌다. 이 때문에 많은 사람이 죽었다. 군중들이 같은 튈러리 궁 내에 있던 의회로 몰려가자 의회는 그 압력에 굴복하여 왕정을 잠정 중단시켰다. 8월 10일의 봉기는 파리의 서민대중이 주도한 제2차 혁명이라 할 만한 것이었다. 봉기 주도세력인 '봉기 코뮌'은 왕과 그 가족을 탕플 요새에 감금하고 엄중히 감시하였다.[85]

그 뒤를 이어 소집된 새로운 의회인 국민공회Convention는 군

---

85 알베르 소부울, 『프랑스 대혁명사』 상권, 245쪽. 8월 10일 봉기에 주도적으로 참여한 사람들은 파리의 수동적 시민들 즉 재산이 미미하여 참정권이 없는 장인들과 소상점주들이었다. 이들을 당시에는 '상퀼로트'라고 하였다. 상퀼로트는 귀족들이 즐겨 입는 퀼로트(짧은 바지)를 입지 않은 서민이라는 뜻이다. 이들의 목소리를 대변하는 파리 각 구의 대표들로 이루어진 것이 봉기 코뮌으로 법에 의해 조직된 파리 코뮌과는 구별된다.

1792년 8월 10일의 파리 민중의 튈르리 궁 공격. 이후 루이 16세와 그 가족은 탕플 감옥에 연금되었다.

주제를 폐지하고 공화국을 선포하였다.[86] 이것이 프랑스에서 처음으로 수립된 공화국이다. 탕플 감옥에 갇혀 있던 왕에 대한 재판이 그 해 겨울에 열렸다. 의회는 왕의 처형을 주장하는 세력과 그에 반대하는 온건파로 나뉘었는데 표결을 통해 근소한 차이로 결국 사형이 확정되었다.[87] 루이 16세는 1793년 1월 21일 파리의 콩코르드 광장 ― 당시에는 '혁명광장'으로 불렸다 ― 에서 기요틴으로 처형되었다. 오스트리아 출신으로서 프랑스 인들의 증오의 대상이 되었던 마리 앙투아네트 왕비도 9개월 뒤 반역죄로 마찬가지로 처형되었다.

과격한 민중혁명으로 왕정을 폐지하고 수립된 프랑스 공화국은 곧 좌파와 우파간의 갈등으로 정치적 혼란에 빠져들었다. 왕당파들과 과격 좌파 세력들

---

86 1792년 8월 10일 봉기의 결과로 소집된 국민공회는 입법의회와는 달리 재산제한이 없는 보통선거를 통해 선출되었다. 9월 20일 첫 회의를 연 국민공회는 다음날 왕정을 폐지하고 공화국을 선포하였다. 그리고 달력도 전면 개편하여 혁명력을 반포하였다. 이제 모든 문서에서는 공화국 모년 모일이라는 식으로 날짜를 적게 되었다. 혁명력은 나폴레옹에 의해 1806년 1월 1일 (공화국 14년 니보즈 달 10일)부터 폐지되었다.

87 표결 결과는 387 대 334였다. 사형이 결정된 왕의 죄명은 "공중의 자유와 일반의 안전을 해하기 위한 음모"를 꾸민 죄였다.

의 반란과 음모가 뒤를 이었다. 이러한 정치적 혼란을 종식시키고 공화국을 구원한 인물이 나폴레옹 보나파르트이다. 보나파르트는 1795년 10월 파리에서 일어난 왕당파들의 반란 — 역사가들은 혁명력에 따라 '방데미에르 13일의 반란'이라고 부른다 — 을 성공적으로 진압하여 당시 정부 지도자들의 신뢰를 받았을 뿐 아니라 이탈리아 원정을 비롯한 여러 대외 원정에서 혁혁한 공을 세워 국민들의 인기를 끌었다. 나폴레옹 보나파르트는 이러한 인기를 바탕으로 1799년 군사 쿠데타를 일으켰다. 정변에 성공한 그는 집권하여 제1콘술이 되었다. 이 콘술이라는 직위는 프랑스에는 없던 것으로 옛 로마 공화국에서 따온 것이다. 콘술은 모두 세 명이었으나 제1콘술인 나폴레옹이 실권을 쥐었고 다른 두 사람은 들러리나 마찬가지였다.

루이 16세의 처형. 1793년 1월 21일 혁명 광장(현재는 콩코르드 광장)에서 처형이 이뤄졌다.

나폴레옹은 혁명의 성과를 지킬 의지는 있었으나 정치적 혼란으로 지새우는 프랑스 공화국을 수호할 뜻은 없었다. 그는 국민투표를 통해 곧 종신 콘술이 되었으며 몇 년 뒤에는 자신에 대한 암살음모를 구실로 스스로 황제의 자리에 올랐다.(1804) 그런데 1804년에 제정된 헌법은 기묘하게도 프랑스 공화국이라는 말을 그대로 쓰고 있다. 그 제1조는 "공화국 정부는 프랑스 인들의 황제에게 맡겨진다."라고 되어 있다. 혁명으로부터 나온 프랑스 공화국을 명목으로나마 유지하려고 했던 것이다. 나폴레옹의 제정은 공화국이라고 외양에도 불구하고 실제로는 일인이 강력한 권력을 행사하는 전제군주정이었다.

브뤼메르 18일의 쿠데타. 가운데 있는 인물이 쿠데타의 주역 나폴레옹 보나파르트 장군이다.

나폴레옹은 유럽의 정치질서도 크게 바꾸어놓았다. 새로운 국가를 만들기도 하고 없애기도 하였다. 독일이 가장 큰 영향을 받았는데 나폴레옹은 오스텔리츠 전투에서 오스트리아와 러시아를 격파한 후 천년의 역사를 자랑하는 신성로마제국을 해

체하고 독일을 30여개 영방으로 구성된 라인연방으로 만들었다. 그리고 자신은 그 보호자가 되었다. 이렇게 독일을 무력화시킨 다음 프랑스 주변에 프랑스의 위성국가들을 만들었다. 그는 자신의 형과 동생들을 그러한 국가의 왕으로 임명하였다. 형인 조셉은 나폴리 왕, 뒤에는 스페인 왕이 되었다. 동생 루이는 홀란드 왕국의 왕이 되고 막내 제롬은 베스트팔렌 왕국의 왕이 되었다. 이처럼 보나파르트 일가는 유럽의 주요한 왕가의 하나가 되었다.

나폴레옹 황제는 유럽 전체를 지배하기를 원했다. 그러나 1814년 영국군과 프로이센 연합군에게 패배한 황제는 자신의 어린 아들에게 제위를 물려주는 형식으로 양위하였다. 당시 네 살에 불과한 나폴레옹의 아들은 황제의 자리에 오르지 못했다. 나폴레옹의 아들은 태어날 때부터 로마 왕으로 임명되었는데 나폴레옹 2세로 불린다. 승리한 연합군은 나폴레옹의 유지를 받들 생각이 전혀 없었다. 그들은 외국에 망명 중인 옛 부르봉 왕가를 불러들였다.

부르봉 왕가의 통치는 오래 가지 못했다. 새로운 시대정신을 읽는 데 실패하였던 것이다. 혁명의 성과를 인정하지 않는 '반동정책'에 대한 반발로 1830년 7월 혁명이 일어나 부르봉 왕가는 쫓겨나고 왕가의 방계인 오를레앙 가문의 루이 필립이 왕위에 올랐다.[88] 이 왕정은 전형적인 자유주의적 입헌왕정이었다. 루이 필립은 전제군주가 될 생각이 전혀 없었다. 그 부친처럼 자유주의 사상의 추종자였던 그는 스스로를 '시민 왕'이라고 자부하였다. 헌법의 테두리 내에서 왕이 통치하는 왕정은 영국에서 이미 확립된 정치체제였으며 1791년 프랑스 헌법을 제정하였던 국민의회가 원한 것이기도 하다. 19세기 자유주의자들이 원했던 정치체제도 바로 이러한 입헌왕정 체제였다. 그러나 루이 필립의 왕정 역시 부르봉 왕가처럼 파리의 혁명으로 무너졌다. (1848년 2월 혁명) 이렇게 해서 수립된 것이 갖가지 사회주의자들이 득세하였던 프랑스 제2 공화국이다. 혁명으로 쫓겨났던 부르봉 왕가와 오를레앙 왕가 모두 다시는 프랑스에서 왕정을 부활시키지 못했다. 오히려 보나파르트 가의 나폴레옹 3세가 1848년 12월 제2 공화국의 대통령으로 당선된 뒤 헌법을 무시하고 황제가 되었다. 새로운 황제가 된 나폴레옹 3세는 나폴레옹 보나파르트의 동생 루이 보나

---

88 오를레앙 가문은 루이 14세의 동생 필립에게까지 거슬러 올라간다. 그 아들이 루이 14세 사후 루이 15세의 섭정 노릇을 한 오를레앙 공작 필립 2세이다. 스코틀랜드 출신 은행가로서 프랑스의 재무장관이 된 존 로의 후견자가 이 사람이다. 그 증손자가 혁명 초기에 야당의 영수 역할을 한 '평등공' 필립이다. 필립은 그의 저택인 팔레 루와얄을 혁명파에게 개방하여 토론과 회합의 장소로 만들었다. 계몽사상을 신봉하였던 그는 영국식 자유주의와 시민적 평등에 찬성하여 스스로의 이름을 '시민 평등'이라고 고치기도 하였다. 루이 14세의 처형에 찬성하였으나 공포정치 시기에 다른 왕족들처럼 체포되어 처형되었다. 그 아들이 7월 왕정의 루이 필립 왕이다.

파르트(홀란드 왕)와 오르탕스 드 보아르네의 아들이다. 오르탕스 드 보아르네는 나폴레옹과 결혼한 조세핀이 첫 번째 결혼에서 낳은 딸이다. 그러나 나폴레옹 3세의 제2 제정도 제1 제정처럼 전쟁, 이번에는 독일과의 전쟁에서 패배하는 바람에 무너졌다. 새로운 공화국이 들어선 프랑스에서 다시는 왕정이 부활하지 못했다.

3) 신생국가 아메리카 공화국

오늘날의 미국은 프랑스 혁명 직전에 영국의 북아메리카 식민지인들이 본국의 지배를 떨쳐버리고 독립하여 세운 나라이다. 독립운동의 빌미가 된 것은 영국의 의회가 식민지에 대해 부과한 세금들이었다. 7년전쟁(1757-1763)에서 영국은 북아메리카 식민지를 지키기 위해 프랑스 및 인디언들과 전쟁을 하였다. 전비 때문에 국가의 빚이 크게 늘어나자 영국 의회는 식민지인들에게 식민지 유지비용을 분담하게 만든다는 취지로 세금을 새로 제정하거나 늘리는 일련의 법을 만들었던 것이다.

예나 지금이나 세금부담을 늘리는 정책은 인기가 없다. 식민지인들은 분노하였다. 자신들은 런던의 의회에 자신들의 이해관계를 대변할 의원을 파견하지 못하는 것을 지적하면서 "대표 없는 과세"는 무효라고 선언하였다. 피치자의 동의가 있어야만 통치가 정당성을 갖는다는 영국의 권리장전에 명시

되어 있는 내용을 들어 영국 의회의 행위가 아메리카 식민지 인들의 권리를 침해하였다고 주장한 것이다. 그리고 영국 왕에게 자신들을 위해 의회에 간섭해줄 것을 간청하였다. 그러나 당시의 영국 왕 조지 3세는 그럴 생각이 전혀 없었다. 그는 아메리카 식민지의 청원을 기각해 버렸다.

오히려 식민지의 자치를 제한하거나 폐지하는 법이 의회에서 제정되었다. 식민지가 이에 대해 항의하자 왕은 식민지가 반란 상태에 돌입하였다고 선언하였다. 왕은 대영제국 관리들로 하여금 이 반란을 진압하기 위해 최선을 다할 것을 명령하였다. 군사적 충돌이 뒤따랐던 것은 물론이다. 1775년 4월 19일 보스턴 근처에서 전투가 발발하였다. 식민지인들이 영국 왕의 군대를 상대로 독립전쟁을 시작하였다.

전쟁 초기부터 식민지인들이 독립을 작정한 것은 아니었다. 대부분의 사람들은 영국과의 화해를 기대하고 있었다. 그러나 1776년 1월 토머스 페인의 『상식Common Sense』이라는 팜플렛이 출간되면서 분위기는 독립 쪽으로 급속히 기울게 되었다. 그리하여 7월 대륙회의에 모인 13개 식민지 대표들은 영국으로부터의 독립을 선언하였다. 아메리카 식민지인들은 정규군이 아니었지만 민병으로서 영국의 군대와 7년간 싸워 결국 독립을 쟁취하였다.(1783년)

전쟁 후 새로운 국가의 체제를 결정할 헌법제정회의가

1787년 필라델피아에서 개최되었다. 이 회의에서 인민주권, 정치적 평등, 권력의 분립 등 당시 유럽에서 찾아보기 힘든 대단히 선진적인 민주주의적 원칙에 토대를 둔 헌법이 제정되었다. 물론 왕정을 거부하고 공화정을 채택하였다. 국민이 선거인단을 통해 간접적으로 선출하는 대통령이 통치하는 공화국이었다. 초대 대통령에 선거인단의 만장일치로 당선된 조지 워싱턴은 프랑스 혁명이 발발한 해인 1789년 4월 30일 대통령직에 취임하였다.

조지 워싱턴의 미대통령 취임식. 프랑스 혁명이 일어나기 직전인 1789년 4월 30일 뉴욕의 페더럴 홀에서 열렸다.

이러한 민주적 공화 정치체제는 당시 식민지들의 정치적 사고를 반영하였다. 군주정에 대한 반감이 그 토대를 이루고 있었는데 우리는 토머스 페인의 팜플렛에서 그것을 확인할 수 있다. 나온 지 3개월 만에 10만 부가 넘게 팔리는 등 18세기 미국 베스트셀러의 하나가 된 이 책에서 토머스 페인은 세습군주정의 원리가 모순으로 가득 차 있다고 공격한다.

그는 옛날에는 왕이 없었으며 그 때문에 전쟁도 없었다고 주장한다. 구약성서의 내용에 입각하여 볼 때 이스라엘 인들은 원래 왕이 없이 지내오다가 이방인들을 모방하여 왕정을 도입하였다. 그리고 그것은 우상숭배를 위함이었다. 한 사람을 다른 사람들보다 높이는 것은 자연이 부여한 평등한 권리에도 어긋날 뿐 아니라 성서의 정신에도 어긋난다. 만군의 주외에 인간을 높이는 것은 이스라엘 하느님의 가르침에 어긋나는 것이다.

페인은 또 어떤 사람이 출생에 의해 자동적으로 만인의 위에 서는 세습군주제의 불합리성을 지적하였다. 설사 과거에 한 사람을 왕으로 뽑아 왕에게 합당한 특권과 명예를 부여하였다고 하더라도 왕을 선출한 사람들이 그 후손에게까지 같은 권리와 명예를 부여하는 것은 자신들의 후손의 권리를 침해하는 것이다.

토머스 페인은 영국의 입헌왕정에 대해서도 날카롭게 그 원리를 비판한다. 인민에 의해 선출된 하원을 왕에 대한 견제 장치로 일반적으로 간주하는데 이는 하원이 항상 견제해야 하는 왕이 신뢰할 수 없는 존재라는 것과 또 하원은 왕보다 더 현명하고 신뢰할 만한 존재라는 것을 전제로 하는 것이다. 그래서 하원에게 왕을 견제하도록 예산통제권을 부여하지만 왕에게 하원의 법안을 거부할 수 있는 거부권을 부여함으로써 영국 헌법은 스스로 모순을 범하고 있다.

세습제 상원은 군주의 이해를 대변하고 하원은 인민을 대변하는 영국의 의회제도에 대해서도 페인은 그것이 웃기는 체제라고 일축한다. 한 집안이 서로 반대되는 두 원으로 갈라져 있으니 얼마나 불합리한가?

토머스 페인은 영국의 군주정이 "절대군주정에 대해 문을 걸어 잠궜지만 동시에 왕에게 그 문을 열 수 있는 열쇠를 주었다"고 비난하였다.[89] 그가 보기에 영국의 군주제는 프랑스나 스페인의 군주제나 매한가지였다. 단지 차이가 있다면 왕의 의지가 왕의 입에서 직접 나오지 않고 의회의 법안이라는 형식을 통해 나온다는 것일 뿐이다.

토머스 페인의 책이 미국인들 사이에서 큰 인기를 누렸다는 것은 군주정이 미국에서는 더 이상 발을 붙일 가능성이 없었음을 의미한다.

4) 1848년 혁명의 위협

1848년은 프랑스뿐 아니라 유럽 전역에서 혁명의 폭풍이 몰아쳤던 해였다. 많은 나라에서 민중봉기가 일어나고 급진

---

89 T. Paine, *Common Sense* (1776), 22쪽.

적인 운동과 구호가 난무하였다. 2월 프랑스 파리에서 일어난 혁명의 불길은 곧 독일과 오스트리아로 번졌다. 오스트리아와는 달리 당시 독일은 30개가 넘는 소국들로 구성되어 있었다. 독일연방이 그것이다.

독일연방은 앞에서 본대로 신성로마제국이 나폴레옹에 의해 해체된 후 생긴 조직인데 회원국들이 매우 다양하였다. 프랑크푸르트나 함부르크 같은 도시국가 성격의 자유도시가 있었던 반면 프로이센이나 오스트리아 같은 유럽의 강대국도 있었다. 또 세 개의 회원국은 외국의 군주들이 통치하고 있었다. 홀스타인 공국은 덴마크 왕의 지배하에, 룩셈부르크 공국은 네덜란드 왕의 지배하에, 하노버 왕국은 영국 왕의 지배하에 있었다. 이 군주들은 독일연방회의에 참여하였다. 독일연방에 속한 여러 나라에서 3월 우후죽순처럼 민중들의 시위와 집회가 열려 정치개혁, 헌법, 언론의 자유 등을 요구하였다. 민중들의 요구에 놀란 왕들이 그 요구를 받아들여 정치개혁을 약속하였다. 심지어 바이에른 왕국에서는 왕이 퇴위하는 일도 일어났다. 민중의 힘이 실감되는 순간이었다. 일부 국가에서는 군주들이 군대를 동원하여 시위를 무력으로 진압하는 일도 일어났다. 프로이센의 수도 베를린에서는 정치개혁을 요구하는 시위대와 군대의 충돌로 상당한 사상자가 나오자 왕이 군대를 철수시키고 민중들에게 정치개혁을 약속하였다. 그야말로 독일 도처에서 다양한 성격의 운동이 벌어졌고 그 결과 역시 다양하였다.

5월에는 자유주의적 지식인들이 중심이 되어 전독일 회의를 프랑크푸르트에서 소집하였다. 이것이 프랑크푸르트 국민회의이다. 이 회의는 통일독일을 위한 헌법을 제정하는 것을 목적으로 내걸었다. 토의할 주요한 문제는 크게 세 가지였다. 첫째는 통일독일에 같은 독일어권인 오스트리아를 포함시킬 것인가의 문제. 둘째는 정체의 문제로 독일을 세습군주정으로 할 것인가 아니면 선거왕제로 할 것인가 그것도 아니면 공화국으로 할 것인가 하는 문제. 셋째는 연방의 문제인데 독립된 국가들의 연방으로 할 것인지 아니면 강력한 중앙정부를 둔 중앙집권 국가로 만들 것인지 하는 문제였다. 오랜 토론 끝에 다음 해 3월 성바울 성당에서 헌법이 공포되었다. 독일은 입헌군주국이 되며 국가원수 즉 '독일인들의 황제'는 프로이센 왕이 세습하는 것으로 하였다. 그러나 프로이센 왕은 "하층민들이 바치는 혁명의 냄새가 나는" 왕관을 거부하였다. 그리고 오스트리아와 함께 대표단을 프랑크푸르트로부터 철수시켜 버렸다. 프랑크푸르트 국민회의는 혁명의 물결이 퇴조한 속에서 서서히 무너져갔다. 급진파들은 슈투트가르트로 의회를 옮겼지만 곧 군대에 의해 해산되었다. 국민회의를 지지하는 민중봉기가 곳곳에서 일어났지만 프로이센 군대에 의해 모두 분쇄되고 그 지도자들은 처형되거나 감방으로 갔다.

독일에서 자유주의 혁명은 실패로 돌아간 것이다.
하지만 덴마크 왕국이나 네덜란드 왕국에서는 왕들
이 개혁을 받아들여 절대왕정을 입헌왕정으로 바꾸
었다. 오스트리아에서는 심약한 페르디난트 황제가
퇴위하고 그 조카인 프란츠 요제프가 새로운 황제가
되었다. 프란츠 요제프는 1916년 죽을 때까지 68년
간이나 오스트리아를 통치하였다. 그는 1849년 혁명
적 상황에 밀려 헌법을 약속하였으나 혁명의 물결이
퇴조하자 자신이 한 약속을 뒤집어버렸다. 또 오스트
리아 황제의 지배하에 있던 헝가리 인들의 독립운동
을 러시아 군대의 도움으로 진압
하였다. 합스부르크 왕가를 내쫓
고 독립 국가를 세우려던 헝가리
인들의 꿈은 무산되었다.

그러나 1866년 오스트리아가
프로이센과의 전쟁에서 패배하
자 다시 기회가 찾아왔다. 프란
츠 요제프 황제는 헝가리 민족
주의자들의 활동을 잠재우기 위
해 타협책을 제시하였다. 헝가

독일 제국의 선포
(1871년 1월 18일). 독
일의 통일은 1848년
의 혁명가들이 원했
던 것과는 달리 독일
인민의 자발적인 운
동을 통해서가 아니
라 전쟁을 통해 이루
어졌다. 프로이센이
프랑스와의 전쟁에
서 승리한 후 베르사
유 궁에서 독일 제국
을 선포하였다. 프로
이센 왕 빌헬름 1세
가 독일 제국의 황제
가 되었다.

리와 오스트리아를 동등하게 간주하고 별개의 정부로 이루어진 이중왕국을 제안한 것이다. 이로써 헝가리는 자신의 의회와 정부를 갖게 되었다. 물론 통치자는 한 사람 – 오스트리아 황제인 프란츠 요제프가 헝가리 왕을 겸했다 – 이었으며 군대와 외교, 통상 등은 공동의 정부부서가 관할하였다. 이러한 타협조건은 매 10년마다 다시 갱신하기로 했는데 1867년의 이 기묘한 정치적 타협체제는 일차대전으로 오스트리아가 망하기까지 지속되었다.

5) 왕정의 무덤, 일차세계대전

왕정의 역사에서 볼 때 유럽 왕정시대의 종말은 프랑스혁명기가 아니라 일차대전 시기에 도래하였다. 프랑스혁명은 유럽에 정치·사회적으로는 큰 영향을 주었던 것은 사실이지만 혁명 이후 왕정은 대부분의 나라에서 그대로 유지되거나 부활하였다. 또 중부 유럽의 왕정들은 1848년 혁명으로 위기에 처했으나 살아남는 데 성공하였다.

유럽의 왕정이 대거 사라지게 만든 것이 일차세계대전이라는 유례없는 큰 전쟁이었다. 일차대전의 직접적인 발단은 발칸반도에서 오스트리아 제국의 통치에 대한 슬라브 인들의 치열한 반대였다. 오스트리아 제국의 황태자인 프란츠 페르디난트 대공 부부가 오스트리아-헝가리 제국이 최근에 발칸 반도에서 병합한 식민지 보스니아-헤르체고비나에서 1914년 6월 28일 한 세르비아 청년에 의해 살해되면서 오스트리아-헝가리 제국과 세르비아 간의 관계가 험악해졌다.[90] 오스트리아 제국은 책임이 반오스트리아 운동을 후원한 세르비아 왕국에 있다고 보고 세르비아를 압박하였다. 오스트리아 제국의 호전파 지도자들은 이번 사건을 눈에 가시 같은 존재인 세르비아와 전쟁을 할 수 있는 좋은 개전구실로 생각하였다. 당시 오스트리아 황제인 프란츠 요제프는 독일의 지원을 전제로 해서만 전쟁이 가능하다고 난색을 표했으나 마침 독일 황제 빌헬름 2세는 오스트리아 제국의 행동에 대해 전적인 지원을 할 것이라고 선언하였다. 이로써 오스트리아는 세르비아에 대해 전쟁을 시작할 수 있었다.

당시 러시아 황제는 오스트리아 세력을 견제하기 위해 인종적으로나 종교적, 문화적으로 친근한 발칸 슬라브 인들의 보호자를 자청하였다. 그래서 러시아도 즉각 동원령을 내려 전쟁준비에 돌입하였다. 한편 독일 참모본부는 러시아와 프랑스를 침공할 좋은 기회가 생겼다고 생각하였다. 프랑스는 1871년 보불 전쟁으로 알자스-로렌 지방을 빼앗겼는데 그 복수를

---

90 현재 보스니아-헤르체고비나는 1990년대 유고내전을 계기로 유고연방에서 떨어져 나와 독립국가가 되었다. 보스니아-헤르체고비나는 1463년 오스만 투르크 제국에 정복되어 300년 이상 그 지배하에 있었다. 오스트리아-헝가리 제국의 영토가 된 것은 1878년 베를린 국제회의에서였다.

노리고 있어 독일의 잠재적 적국으로 여겨져 왔다. 독일 참모 본부는 프랑스와의 전쟁이 일어나면 라인란트 쪽이 아니라 벨기에 방면으로 우회하여 신속히 프랑스를 제압한다는 전격전을 기획해 두었다.[91] 그래서 독일은 8월 초 러시아와 프랑스에 각각 선전포고를 하고 프랑스 공격을 위해 중립국인 벨기에에 독일군의 자유로운 이동 보장을 요구하였다. 벨기에가 이 최후통첩을 거부하자 독일의 침공이 개시되었다. 벨기에 침공에 놀란 영국은 즉각 독일에 철수를 요구하고 선전포고를 하였다. 영국과 프랑스는 또 러시아와 군사동맹(삼국협상)을 체결하고 있었기 때문에 러시아와 전쟁에 돌입한 오스트리아 제국에도 선전포고를 하였다. 그리하여 유럽의 열강들이 순식간에 전쟁의 물결 속으로 휩쓸려 들어갔다.

서구 열강들이 대부분 식민지를 거느리고 있었기 때문에 유럽에서의 전쟁은 유럽 이외의 지역들도 전쟁으로 끌어들였다. 예를 들어 영연방의 일원인 캐나다, 남아공화국, 인도, 오스트레일리아(호주) 등도 자동적으로 독일과의 적대관계에 들어갔다. 아시아의 일본도 영국과 군사·외교적 동맹관계에 있었기 때문에 독일에 선전포고를 하고 전쟁에 가담하였다. 물론 일본이 이렇게 신속히 참전한 것은 독일이 중국에서 보유하고 있던 영토에 대한 야욕 때문이었다. 실제로 일본은 칭타오를

---

91 이것이 유명한 '슐리펜 플랜'이다.

비롯한 독일의 조차지를 공격하여 쉽게 점령하였다. 8월 초에는 러시아라는 공통의 적을 가진 독일과 오스만 투르크 제국이 반러시아 동맹을 결성하였는데 11월에 오스만 투르크는 독일과 오스트리아 편에 가담하여 참전하였다.

이탈리아는 원래 독일, 오스트리아와 더불어 삼국동맹의 한 나라였지만 오스트리아가 지배하는 아드리아 해 연안의 영토에 대한 욕심으로 사태를 관망하다가 1915년 연합국 진영으로 넘어가 버렸다. 또 신흥강대국 미국은 처음에는 중립을 지켰지만 독일 잠수함의 무차별적인 공격으로 미국상선들과 민간인들이 공격을 당하자 전쟁을 결심하였다. 특히 독일이 멕시코에게 독일의 동맹국으로서 참전하면 미국에게 빼앗긴 땅을 되찾게 해줄 것이라는 언질을 준 비밀전문이 해독되면서 미국의 참전결의는 굳어졌다. 미국은 1917년 4월 독일에 선전포고를 하고 연합국 진영에 가담하였다.

이처럼 일차대전은 참전국 규모로 볼 때 세계적인 규모의 대전쟁이었을 뿐 아니라 인명희생이라는 면에서도 미증유의 참혹한 전쟁이었다. 무려 1,500 만 명이 사망하였다. 일반적으로 큰 전쟁은 세계사에서 중요한 전환점이 된다. 일차대전의 경우 군인들만의 전쟁이 아니라 민간의 모든 역량을 총동원하여 사생결단을 펼친 총력전total war이어서 정치, 경제, 사회, 문화에 엄청난 영향을 남겼다. 역사가들이 흔히 현대사를 일차대전으로부터 시작된다고 보는 것도 이 때문이다. 왕정제도도 이 전쟁으로부터 결정적인 타격을 받았다.

독일, 오스트리아, 오스만 투르크 제국에서는 패전의 결과로 왕정이 모두 폐지되었다. 먼저 독일의 예를 살펴보자. 독일에서는 패전이 확실해진 1918년 10월 말 키일 시에 주둔해 있던 수병들이 출동을 거부하고 반란을 일으켰는데 이것이 혁명의 도화선이 되었다. 혁명운동은 순식간에 여러 도시로 번져나갔다. 노동자들과 병사들이 러시아의 소비에트와 비슷한 노병평의회를 결성하고 도시의 행정권력을 장악하였다. 혼란의 와중에서 11월 9일 사민당 의원 대표인 샤이데만이 제국의회 건물에서 일방적으로 공화국을 선포하였다. 그로부터 두 시간 뒤에는 베를린의 가두에서 공산주의 단체인 스파르타쿠스단의 리프크네히트에 의해 사회주의 공화국이 선포되었다. 이러한 혁명적인 행동에 대해 독일 제정은 아무런 조처도 취할 수 없었다. 권력이 붕괴했기 때문이다.

당시 독일 황제인 빌헬름 2세(재위 1888-1918)는 마지막까지 희망을 버리지 않았다. 황제의 자리를 내놓더라도 프로이센 왕으로는 남아 있을 것으로 기대하였으나 기대는 곧 실망으로 바뀌었다. 독일 군지도자들이 그에게 황제의 자리에서 물러나는 것 외에는 다른 방법이 없다고 퇴위를 공식화하였기 때문이다. 심지어는 그에게 충성스러웠던 힌덴부르크 장군도 같은 입장을 표명하였다. 11월 28일 그의 여섯 아들들이 황제를 계승하지 않겠다는 공식선서를 하였다. 빌헬름 2세는 기차를 타고 전쟁 내내 중립국으로 남아 있던 네덜란드로 망명하였다. 베르사유 조약은 빌헬름 2세를 국제적 도덕과 조약의 신성함을 깨뜨린 전범으로 처벌을 요구하였는데 당시 네덜란드 여왕은 빌헬름 2세의 인도 요구를 거부하였다. 그는 1920년 봄에 도른 하이스라는 작은 성을 사서 그곳에서 여생을 보냈다.

망명자 빌헬름은 자신이 황제의 자리에서 물러난 것이 유태인들의 음모 때문이라고 믿었다. 유태인들을 독일 뿐 아니라 전세계의 적으로 규정하였다. 그는 영국인들이 유태인들의 속임수에 넘어가 자유주의적 체제를 받아들였다고 보았는데 이 때문에 영국을 사탄과 적그리스도의 나라라고 하였다.

그는 나치가 집권하자 제정부활에 상당한 기대를 걸었다. 그러나 히틀러는 일차대전에서 독일을 패배로 이끈 그에게 경멸감을 보였을 뿐이다. 빌헬름은 나치 독일이 네덜란드를 점령하고 있던 1941년 6월 사망하였는데 네덜란드 도른에 있는 그의 무덤은 지금까지 소수의 시대착오적인 독일군주주의자들의 순례지가 남아 있다.

오스트리아-헝가리 제국은 독일과는 달리 많은 소수 민족을 포함하고 있었다. 헝가리 왕국의 마자르 인들은 말할 것도 없고 체코 인, 슬로바키아 인, 폴란드 인, 우크라이나 인, 슬로베니아 인, 크로아티아 인, 세르비아 인, 이탈리아 인, 루마니아 인 등 다양한 언어와 문화를 가진 사람들로 이루어져 있어 그야말로 인종의 전시장을 방불케 하였다. 미국의 우드로 윌슨 대통령은 1918년 초 종전 이후의 패전국 처리방안을 제안하였는데 그 가운데서 오스트리아-헝가리 제국의 지배를 받는 소수민족에게 자결권을 부여할 것을 분명히 하였다. 이러한 유리한 상황에 고무된 소수민족들은 종전 직전인 1918년 10월부터 독립 행보에 나섰다. 슬로베니아, 크로아티아, 세르비아, 크로아티아, 체코, 슬로바키아 인들이 제국으로부터 떨어져나갔으며 심지어는 헝가리 인들도 1867년 조약으로 생겨난 오스트리아-헝가리 제국의 틀을 벗어던졌다. 비엔나에는 독일계 임시정부가 수립되어 제국으로부터 권력을 이양 받았다. 마지막 황제 카를 1세(재위 1916-1918)는 공식적인 양위는 하지 않았지만 더 이상 국사에 관여하지 않겠다는 선언을 하였다. 이 선언에 이어 오스트리아와 헝가리 의회가 공화국을 선포하였다. 오스트리아 인들은 독일과 하나의 공화국을 형성하기를 원했지만 연합국은 이를 받아들이지 않았다.

카를 1세가 양위라는 표현을 사용하지 않은 것은 의도적이었다. 그는 오스트리아 인들과 헝가리 인들이 곧 자신을 다시 왕으로 불러줄 것으로 기대하였다. 공화국이 선포되었음에도 불구하고 즉각 망명하지 않은 것은 이러한 희망을 놓지 않았기 때문이다. 그는 연합국의 압력 하에 1919년 3월 스위스로 망명하였다. 카를 1세가 왕위에 미련이 남아 있음을 안 오스트리아 의회는 '합스부르크 법'을 제정하였다. 이 법은 합스부르크 가문의 사람들이 왕위를 영구히 포기하고 보통의 시민으로 돌아가지 않는 한 그들의 입국을 허용하지 않겠다는 내용이었다.

스위스로 망명한 뒤에도 카를 1세는 왕위에 대한 집착을 버리지 못했다. 헝가리에 남아 있는 왕당파들의 부추김을 받아 헝가리의 왕정을 되살리고 그 왕위에 복귀하려고 시도하였다. 그러나 객관적 정세가 그것을 허용하지 않았다. 제국에서 떨어져나갔던 이웃의 신생 공화국들이 카를 (헝가리 왕으로는 카롤리 4세)이 복위할 경우 헝가리를 공격하겠다고 위협하였기 때문이다. 1921년 헝가리 의회도 합스부르크 가문의 왕위를 받아들이지 않겠다고 선언하였으며 연합국 역시 카를의 시도를 보고만 있지 않았다. 영국은 그와 그 가족을 군함에 태워 포르투갈의 마데이라 섬에 연금하였다. 카를 1세는 그곳에서 다음 해 35세의 젊은 나이로 병사하였다.

러시아 로마노프 왕가의 마지막 황제는 니콜라이 2세(재위 1894-1917)인데 그의 치세에 두 차례의 혁명이 있었다. 러시아가 일본에 패전한 직후인 1905년에 혁명이 일어나 니콜라이 황제는 두마 (의회)를 소집하고 개혁을 약속하였다. 그러나 황제는 약속을 지키지 않았다. 두마 선거에서 온건 사회주의자들과 자유주의자들이 승리하자 이 두마를 두 달 만에 해산시켜 버렸다. 전제적 권력을 양보할 생각이 없었던 그는 두마를 서구와 같은 의회가 아니라 단순한 자문기구 정도로 여긴 것이다. 황제는 2차 두마도 혁명적 성향의 의원들이 있다는 이유로 해산시켜 버렸다. 그리고 선거법을 고쳐 지주와 도시의 유산계층이 선호하는 보수적인 인사들로 채워진 두마를 소집하였다.

일차대전기에 일어난 1917년 2월 혁명은 1905년과는 판이하였다. 유례없는 식량난 속에서 민중들의 시위가 벌어지고 반전여론이 들끓는 가운데 군대가 시위에 가담한 것이다. 당시 니콜라이 황제는 전선에 나가 있어 수도인 페트로그라드에서 벌어지는 상황을 제대로 파악하지 못했다. 상황의 심각성을 모른 황제는 시위에 대해 강경 대처를 명했다. 그러나 군대는 시위대에게 발포하라는 명령을 거부하고 오히려 시위에 가담하였다. 시위대들에 의해 관공서가 공격을 받고 치안이 무너졌다.

두마의 의원들이 나서 임시정부를 구성하였다. 그런데 사회주의자 케렌스키가 영도하는 임시정부는 전쟁에 신물이 난 대중들의 요구를 무시하고 전쟁을 계속하는 잘못을 범하였다. 처음에는 페트로그라드 소비에트와 협력관계를 구축하였던 임시정부는 소비에트와 관계가 나빠졌다.[92] 페트로그라드 소비에트는 군대와 공장, 철도 등을 장악하고 실질적인 권력을 행사하였다. 레닌을 영수로 한 볼셰비키들은 이 소비에트에 파고드는 데 성공하였다. 페트로그라드 소비에트를 비롯한 지역 소비에트 뿐 아니라 소비에트 중앙조직들도 점차 이들의 수중에 들어갔다. 볼셰비키들은 1917년 10월 페트로그라드 노동자들을 동원하여 무장봉기를 일으켜 임시정부를 무너뜨리고 권력을 잡았다. 이것이 러시아 10월혁명 즉 볼셰비키 혁명이다.

2월혁명이 일어나자 니콜라이 2세는 황제의 자리에서 물러나야 했다. 케렌스키의 임시정부는 황제와 알렉산드라 왕비 그리고 자식들을 페트로그라드 근처에 있는 알렉산더 궁에 연금하였다. 8월이 되자 케렌스키의 명에 의해 황제 가족은 서부시베리아의 토볼스크로 이송되었다. 예전 총독의 관사에서 엄격한 감시 속에 생활하다가 다음 해 4월 말 갑자기 우랄 산

---

[92] 소비에트는 노동자들의 대표들로 이루어진 회의를 말한다. 러시아에서 처음으로 생겨난 소비에트는 상페테르부르그 소비에트인데 1905년 혁명기에 무정부주의자 볼린이 조직하였다. 이 조직은 트로츠키를 비롯한 수뇌부가 반란혐의로 정부에 의해 체포되면서 1905년 12월 와해되었다. 1917년 러시아 혁명기에 중요한 역할을 한 소비에트는 이와는 다른 '페트로그라드 소비에트'로 전자와는 달리 병사들의 대표들도 대거 포함되었다. 제정 러시아의 수도 페트로그라드는 18세기에 표트르 대제에 의해 건설된 도시로서 원래 이름이 상페테르부르크이다. 일차대전기에 이름이 독일식이라고 해서 니콜라이 황제의 명에 의해 페트로그라드로 개명되었다.

맥 동쪽의 예카테리나부르크로 옮겨졌다. 한 가정집에 연금되었는데 여기서 78일을 살다가 7월 17일 볼셰비키 병사들에 의해 처형되었다. 황제 부부와 네 명의 딸 그리고 어린 알렉세이 황태자 외에도 황제 가족을 돌봐주던 시의와 시녀 등 네 명도 함께 살해되었다. 황제 일가의 처형을 명한 것은 우랄 지역 소비에트였다. 당시 볼셰비키들과 충돌을 빚었던 체코슬로바키아 군단이 예카테리나부르크로 접근해 오는 급박한 상황 때문에 볼셰비키들이 황제 가족을 황급히 처형하였다고 한다. 황제 가족의 시신은 암장되었다가 1991년에야 발굴되었다. 구소련이 무너진 후 이들이 처형되었던 집이 있던 자리에 러시아 정교회 당국이 황제 가족을 기리는 교회를 세웠다.

로마노프 왕가의 종말. 왕위에서 쫓겨나 토볼스크에 머물던 시기(1917년 가을)에 찍은 니콜라이 2세와 그 가족의 사진이다. 황제 일가는 다음 해 7월 17일 볼셰비키에 의해 처형되었다.

볼셰비키 혁명은 러시아에서 왕정을 종식시켰을 뿐만 아니라 다수의 독립국가들을 태동시켰다. 볼셰비키들은 독일, 오스트리아, 오스만 투르크, 불가리아 등 옛 제정러시아의 적국들과 정전협정을 모색하였다. 1918년 3월 3일 브레스트-리토프스

크 강화조약이 체결되어 소비에트 러시아는 연합국 진영에서 이탈하였다. 그러나 그 대가로 서부 전선에 걸친 상당한 지역을 포기해야 하였다. 핀란드, 발틱 연안 지역(에스토니아, 라트비아, 리투아니아), 폴란드, 우크라이나, 벨라루시 등이 그런 지역으로서 이 나라들은 코카서스 지역의 나라들 즉 아르메니아 공화국, 그루지야 공화국, 아제르바이잔 공화국 등과 같이 독립국이 되었다. 물론 폴란드와 핀란드를 제외하면 이들 국가들은 1920년대 초부터 이차대전기에 걸쳐 소련을 구성하는 공화국이 되어 실질적 독립을 상실하였지만 1991년 소련이 무너진 후 다시 명실상부한 독립국가가 되었다.

7. 오늘날의 왕정

일차대전으로 서양에서 주요 왕정들이 사라졌지만 일부 국가들의 왕정은 그대로 살아남았다. 왕권이 강력하였던 나라들의 왕정이 붕괴한 반면 왕권이 미미한 나라들의 왕정은 오히려 살아남았다. 헌법, 대의제 의회, 참정권 확대 등 인민과 시대의 요구를 받아들여 인민의 증오대상이 되는 것을 모면했기 때문이다. 그러므로 이러한 왕정들은 사라진 동유럽의 왕정들과는 달리 왕권이 법에 의해 제한되는 입헌왕정의 모습을 띠었다. 영국, 스페인, 벨기에, 네덜란드, 덴마크, 스웨덴, 노르웨이 등이 이렇게 왕정이 유지된 나라들이다. 왕은 법적으로는 국가원수이고 군통수권자이지만 실질적 통치자는 아니다. 현재 이러한 나라의 왕들은 국민적 단합의 상징으로서 국가의 공식의례에 참석하고 대외사절을 접대하는 역할을 하는 정도이다. 많은 시민들이 왕과 그 가족의 사생활에 관심이 많은 것을 보면 현대 유럽의 왕들은 연예인과 비슷하다는 생각이 든다. 물론 종신토록 지위가 보장된 '특권연예인'인 셈이다.

이러한 나라들에서 왕은 실질적 통치권을 행사하지 않기 때문에 정치적 책임으로부터 벗어나 있다. 그러므로 왕정에 대한 국민들의 여론도 비교적 우호적이다. 때때로 터지는 스캔들은 국민들의 호기심을 자극하지만 그 이상도 그 이하도 아니다. 그렇다면 통치자로서의 왕은 사라졌다고 해도 과언이 아니다. 이것이 오늘날 민주주의 시대 왕정의 실상이다.

국가	현재의 국왕	등위연도	왕가	인구
영국	엘리자베스 2세	1952년	윈저	6천2백만
스페인	후안 카를로스 1세	1975년	부르봉	4천9백만
벨기에	알베르 2세	1993년	작센-코부르크-고타	1천1백만
네덜란드	베아트릭스	1980년	오라녜-나싸우	1천7백만
스웨덴	카를 16세 구스타브	1973년	베르나도테	9백40만
노르웨이	하랄드 5세	1991년	슐레스비히-홀스타인-존더부르크-글루크스부르크	4백90만
덴마크	마르그레테 2세	1972년	슐레스비히-홀스타인-존더부르크-글루크스부르크	5백50만

그러나 오늘날 유럽의 왕들 가운데서 예외적으로 중요한 정치적 역할을 한 인물이 있다. 스페인의 후안 카를로스(1938년

생) 왕이 그 사람이다. 후안 카를로스가 정치적으로 의미 있는 역할을 하게 된 것은 무엇보다 스페인의 굴곡된 과거 때문이었다. 스페인은 19세기 후반부터 좌파와 우파간의 갈등이 심해 정치적인 혼란을 면하지 못했다. 좌파는 왕정에 단호하게 반대하고 공화국 수립을 원했다. 반면 우파는 왕정과 가톨릭 교회를 수호할 결의가 되어 있었다. 좌우파간의 갈등은 마침내 내전으로 폭발하였다.

스페인 내전의 역사는 1931년으로 거슬러 올라간다. 그 해에 좌파가 선거에서 승리하자 공화국이 수립되었는데 이것이 제2 공화국이다. 예전에 제1 공화국은 정치적 혼란 속에서 단명으로 끝난 바 있다.(1873-1874) 이번에도 정치적 혼란을 면하지 못했다. 1934년에는 아스투리아스 지방 광산노동자들이 무장봉기하였으며 카탈루냐 지방에서는 자치권을 요구하는 반란도 있었다. 이러한 반란들에 우파 정부는 무력 진압으로 대응하였다. 스페인 정치는 가면 갈수록 좌우로 양극화되고 그 대립도 첨예해졌다. 1936년 총선에서는 좌파연합인 '인민전선'이 승리하여 정권을 잡았다. 그러나 군대를 비롯한 우파는 좌파의 승리를 인정하기를 거부하였다. 그 결과 3년간에 걸친 내전 끝에 우파의 프랑코 장군이 권력을 잡았다. 그는 다양한 우파세력들을 팔랑헤 당으로 통일하고 좌파와 공화파 정당을 해산시켜 버렸다. 프랑코 총통의 오랜 치하에서 많은 공화파 인사들이 해외에서 망명생활을 하였다.

그런데 이 독재자 프랑코는 1969년 후안 카를로스를 자신의 계승자로 지명하게 된다. 후안 카를로스는 1931년 공화파가 선거에서 득세하자 왕위를 버리고 외국으로 도망갔던 스페인 왕 알폰소 13세의 손자였다. 이탈리아에 정착하였던 왕의 손자 후안 카를로스는 프랑코의 허락 하에 스페인에서 공부를 하고 군복무도 하였다.

차기 통치자로 지명된 후안 카를로스는 프랑크 총통과 나란히 국가의 공식행사에 참여하는 등의 일로 공화파들의 미움을 사기도 하였지만 자신의 지위가 안정되자 차츰 프랑코의 반대파들과도 관계를 확대해 나갔다. 프랑코 장군이 1975년 노령으로 사망하자 왕위에 오른 그는 팔랑헤 당과 왕당파들의 기대와는 달리 즉각 민주화를 위한 개혁에 나섰다. 심지어 왕은 공산당의 합법화도 추진하였다. 국왕의 이러한 움직임에 감동한 좌파들은 군주정에 반대하던 예전의 태도를 버리고 왕을 인정하였다.

1978년의 신헌법에서는 후안

스페인 왕 후안 카를로스(2007년)

카를로스 왕을 프랑코의 계승자라기보다는 역사적 왕조의 정통계승자로 규정하였다. 국민투표로 인준된 이 헌법에서 왕은 입헌군주로서 군림하지만 실제 통치하지는 않는 상징적 국가원수였다. 그런데 헌법상 상징적 존재에 불과하였던 후안 카를로스의 정치적 능력은 1981년 군부의 쿠데타가 일어났을 때 여실히 드러났다.

그는 군사 쿠데타가 일어난 직후 TV 방송을 통해 정통 민주 정부를 무조건 지지할 것을 국민에게 호소하였다. 결국 그의 단호한 태도 앞에 쿠데타는 실패로 돌아갔다. 그러자 왕의 인기는 치솟았다. 왕정에 반대한 공산당의 당수조차 "오늘 우리는 모두 왕당파다."라고 외칠 정도였다. 그 다음 해인 1982년부터 1996년까지 펠리페 곤잘레스가 이끄는 사회당이 집권하였는데 스페인 정치와 사회의 민주화가 착실히 진행되었다. 많은 사람들은 독재체제로부터 민주주의로의 성공적인 이행에서 후안 카를로스 왕이 큰 역할을 하였다는 주장에 이의를 제기하지 않는다. 후안 카를로스 왕은 이 때문에 국민들에게서 존경을 받고 있다.

이러한 후안 카를로스 왕의 예는 스페인의 특수한 상황에 기인한 것으로 예외적인 사례가 될 것이다. 대부분의 국가에서는 왕이 없는 정치체제를 선택하거나 왕정을 유지하더라도 왕은 상징적이며 의례적 존재로 그친다. 민주주의를 최고의 정치체제로 신봉하는 현대세계에서 왕은 정치적으로 더 이상 의미 있는 존재는 아니다.

8. 맺음말

앞에서 본 것처럼 서양은 고대부터 일찍이 왕정을 대체할 정치체제를 시도하였다. 그리스 폴리스들, 공화정 로마, 중세 이탈리아의 도시국가들이 그런 경우들이다. 그러나 이러한 나라들이 택한 귀족정과 민주정은 소수의 선진적인 국가들에서 나타난 정치형태로 결코 일반적인 것은 아니었다. 역사를 돌이켜 보면 그리스 폴리스들의 뒤를 이어 전제군주들이 지배하는 헬레니즘 왕국들이 등장하였으며 로마의 공화정도 군주정의 성격을 띤 제정으로 귀결되었다. 상업으로 부를 축적하여 근대 자본주의의 씨앗이 되었던 중세 이탈리아의 도시국가들도 결국 강력한 절대군주가 지배하는 왕국들의 지배하에 들어갔다. 한 사람이 통치하는 왕정보다 시민들이 스스로 통치하는 공화정을 선진적인 정치체제로 보는 사람에게는 역사의 후

퇴로 밖에는 보이지 않을 것이다. 그러나 역사가 그렇게 흐른 데에는 이유가 있다.

폴리스들이 마케도니아 왕국의 지배를 받게 된 데에는 폴리스들의 상쟁이 결정적인 역할을 하였다. 그리스 폴리스 세계의 분열로 필립포스 대왕은 손쉽게 그리스를 정복할 수 있었다. 로마의 경우 공화정의 몰락은 로마의 급속한 팽창에 그 원인이 있었다. 대외적 팽창은 로마 사회의 빈부격차를 확대하고 시민들간의 내분을 조장하였다. 공화정 말기의 내란은 로마의 공화정 제도가 도시국가에는 적합한 것인지는 몰라도 많은 피정복지를 거느리는 제국에는 적합하지 않음을 입증하였다. 결국 한 사람이 강력한 통치권을 행사하는 제정이 도래하였다.

중세 이탈리아 도시국가들은 중세 초의 혼란이 가라앉고 지중해 무역이 발전한 결과였다. 이러한 도시국가들은 경제적으로는 대단히 선진적인 국가였으나 정치적으로는 시대의 흐름에 맞지 않았다. 선진적인 이탈리아 도시국가들은 자신들의 정치적 자유에 집착하였기 때문에 자연히 이탈리아 통일의 장애요소로 작용하였다. 이탈리아 반도가 주변의 다른 나라들에 비해 민족국가nation state로의 발전이 늦을 수밖에 없었던 이유였다. 이탈리아가 근대에 들어 프랑스와 스페인, 또 독일과 오스트리아의 세력각축장으로 전락하는 대가를 치룬 것도 그 때문이다.

신으로부터 권력을 부여받은 신성한 존재로 여겨진 군주가 강력한 왕권을 휘두른 소위 절대왕정은 서양에서 근대국가의 일반적인 형태였다. 오늘날의 우리들은 인민으로부터 권력이 나온다고 믿으며 권력이 한 사람에게 집중되는 정치체제는 독재국가에 불과하다고 믿고 있지만 근대 서양의 국가들은 우리의 믿음과는 다른 원리에 토대를 두었다. 즉 왕의 통치는 인민의 동의를 필요로 하지 않는다. 왕의 권력은 신으로부터 왔기 때문에 그 자체로 신성한 것이며 인민이 그 권력에 복종하지 않는 것은 신의 뜻을 거스르는 것이다.

절대군주정은 시대의 사명을 띠고 등장한 국가이다. 봉건적 분열을 일소하고 국민적 통일을 달성하였을 뿐 아니라 법과 행정의 근대화, 상공업 진흥과 식민지개척을 통한 근대 자본주의 발전을 촉진한 것도 근대 절대군주정이었다. 절대군주정은 중세로부터 근대로의 문을 열어간 근대적 국가였다. 서양에서 절대군주정이 오랫동안 유지될 수 있었던 것은 이러한 절대군주정의 근대적 성격 때문이었다.

절대군주정은 왕권은 신으로부터 왔으며 인민은 왕에 복종하는 것이 신이 정한 의무라는 믿음에 토대를 두었다. 그러므로 이러한 믿음이 흔들리지 않는 한 강력한 권력을 휘두르는 절대군주정에 대한 심각한 도전은 있을 수 없었다. 왕권의 신성함에 대한 인민의 뿌리 깊은 믿음이 흔들리는 데에는 오랜 시간이 필요하였다. 아니면 적어도 인민의 믿음을 순식간에 뒤흔들 수 있는 충격적인 사건이 있어야 하였다. 프랑스혁명기 귀족들의 반혁명 음모와 연계된 루이 16세의 도주사건이 그런 예가 될 것이다.

왕권의 신성함에 대한 인민의 믿음이 약화되어 간 데에는 사상적 영향도 무시할 수 없다. 교회의 가르침에 대해 불신의 풍조를 조장한 계몽주의가 그런 영향을 끼친 것으로 보이지만 지나치게 이에 대해 큰 역할을 부여하기는 힘들 것이다. 계몽사상은 무엇보다 사회적 엘리트의 사상이었기 때문에 일반 민중의 머리와 마음까지 뒤흔들어 놓기에는 세속교육의 확립을 비롯한 제도적 변화와 상당한 세월이 요구되었다. 일반 대중의 생각과 믿음은 그리 쉽게 바뀌지 않는다.

여하튼 인민이 왕을 인민의 적으로 선언하고 처형해버린 영국과 프랑스에서도 한 세대가 지나기 전에 왕정복귀가 이루어졌음을 기억해야 할 것이다. 물론 19세기에 서유럽에서 왕들은 예전과 같은 절대적 권력을 휘두를 수는 없었다. 서유럽 왕정은 시민들의 요구에 밀려 의회의 간섭과 통제를 받아들인 입헌왕정으로 차츰 변모해갔다. 반면 시민들의 도전이 상대적으로 약했던 동유럽에서는 절대군주정이 일차대전기까지 지속하였다.

독일, 오스트리아, 러시아 등 동유럽 국가들의 군주들은 황제 ─ 카이저, 차르 ─ 라는 칭호를 썼다. 로마 황제의 계승자라는 의미를 띠고 있는 이 칭호는 이 나라 군주들의 위엄과 권력이 다른 왕국들보다 더 높고 큰 것을 의미하였다. 황제의 권위에 대한 도전은 용납되지 않았으며 서구에서 수입된 부르주아 문화는 황제의 권위로 대변되는 제왕문화에 직면하여 기세를 펴기 어려웠다. 그러나 동구에서의 이러한 완강한 제왕 기운은 갑자기 일차세계대전으로 완전히 걷혀버렸다. 패전국 독일과 오스트리아, 오스만 투르크 제국에서는 왕정이 패전의 책임을 지고 폐지되었다. 이 나라 사람들은 전쟁을 패배로 이끈 자기 나라 군주들에 대해 더 이상 미련을 갖지 않았다. 또 러시아에서는 전쟁 중에 일어난 혁명으로 왕정이 순식간에 사라졌다. 러시아 황제는 동로마 제국의 계승자로 자부하였으나 동양의 소국 일본과의 전쟁에서도 패배하고 일차대전에서는 인민들을 죽음의 전쟁터로 몰아넣었기 때문에 인민들로부터 증오의 대상이 되었다. 이처럼 일차대전이라는 전쟁은 왕정의 소멸에 결정적인 역할을 하였던 것이다.

이제 이 책의 서두에서 언급한 증산 상제의 천지공사로 돌아가 보자. 그는 1908년 만국제왕의 기운을 거두는 천지공사를 행하였다. 그의 이 공사 직후 중국 즉 청나라에서 광서제가 죽고 사실상 중국의 왕정이 막을 내렸다. 또 그 이웃한 한반도에서는 조선이 일본에 합병되면서 왕이 사라졌다. 그리고 또 십년이 지나기도 전에 서양에서는 황제라는 거창한 이름을 자랑하던 제왕들이 전쟁의 포연 속에서 사라졌다. 세상에서 제왕의 기운이 걷힌 것이다.

그런데 증산 상제가 제왕의 기운을 거두는 공사를 행한 것은 궁극적으로 세계를 일가一家로 만들기 위함이었다. 물론 제왕의 기운이 걷혔다고 해서 세상이 하나의 가족처럼 통일되어 평화가 찾아온 것은 아니다. 오히려 국가들 사이의 대립과 갈등은 더 심해졌다. 극단적 민족주의를 내세운 파시즘은 이차대전에서 패배할 때까지 유럽을 뒤흔들었다. 제왕 시대의 종식과 세계의 통일 사이에는 엄청난 거리가 있었다고 해도 과언이 아니다. 과연 세상은 어떻게 한 가족처럼 통일될 수 있을 것인가? 세계정부는 하나의 꿈에 불과한 것일까?

이차대전 후에 탄생한 국제연합은 전쟁에서 승리한 연합국들이 만들어낸 평화를 위한 국제적 조직이었지만 세계정부와는 거리가 멀다. 미국과 소련을 중심으로 한 강대국들의 이념적 대립은 국제연합의 원활한 운용을 막았다. 국제연합보다는 좀 더 의미심장한 것이 유럽의 실험이다. 유럽연합European Union이 그것으로서 유럽연합은 자발적으로 뭉친 회원국들이 서로에게 국경을 개방하여 사람과 물자가 자유롭게 이동하게 만들었을 뿐 아니라 시장경제의 근간이라 할 화폐를 통일하였다. 여기서 더 나아가 공동의 안보와 대외정책을 모색하고 있다. 유럽연합은 주권국가들이 스스로 주권의 일부를 포기하고 하나의 초국가적 조직으로 통합된 아주 드문 사례이다.[93]

두 세기 전 나폴레옹은 군대의 힘으로써 유럽을 하나의 국가로 만들 꿈을 꾸었다. 그 꿈은 이뤄질 수 없었다. 다른 나라 사람들의 거센 반발 때문이었다. 프랑스의 제국주의적 지배를 유럽의 다른 민족들이 받아들일 리 없다. 유럽연합의 경우는 그 회원국들이 외부의 강제가 아니라 자발적으로 하나가 되었다는 면에서 나폴레옹 제국의 사례와 큰 차이가 있다. 하나는 제왕시대를 대표하는 사례라 한다면 다른 하나는 국민국가를

---

93 여기서 유럽연합의 탄생사를 잠깐 살펴보자. 냉전이 한창이던 1951년 프랑스, 서독, 이탈리아, 그리고 베네룩스 3국이 전쟁을 방지하기 위해 '유럽석탄철강공동체'(ECSC)라는 조직을 만들었다. 군수물자 생산에 필수적인 석탄과 철강의 생산에 대한 감독을 통해 전쟁을 예방하자는 생각에서였다. 물론 이 안을 처음 입안한 사람들은 미래에 유럽의 연방정부를 세울 것을 목표로 하고 있었다. 석탄과 철강의 생산에 대한 감시에 그치지 않고 석탄과 철강 시장을 개방함으로써 단일시장을 만들어 경제발전을 촉진할 것을 또 다른 목표로 삼았다. 대내외적으로 신뢰를 받았던 석탄철강공동체는 상당한 성공을 거뒀다. 그 결과 1957년 유럽경제공동체(EEC)와 유럽원자력공동체(Euratom)가 탄생하였다. 석탄철강공동체와 원자력공동체는 후에 경제공동체(EC)로 통합되었다. 경제공동체는 관세의 인하와 폐지를 통해 유럽을 하나의 단일한 시장으로 만들어가는 한편 공동의 농업정책도 추진해나갔다. 경제공동체의 영향력이 커지면서 이제까지 유럽의 통합에 미온적이던 나라들도 가입을 추진하였다. 대표적인 것이 영국으로서 영국은 1972년 가입을 달성하였다. 이러한 유럽의 경제적 통합은 정치적 통합을 촉진하였다. 공동의 경찰·사법기구가 조직되고 공동의 안보·외교 조직도 만들어졌다.

넘어서 세계가 하나의 가족으로 통일되는 새로운 시대의 이상을 보여준다 할 것이다.

물론 유럽연합은 아직은 완전히 하나의 단일한 국가가 된 것은 아니지만 그 자체의 의회Parliament와 각국정상들로 구성된 유럽이사회European Council, 각료회의Council, 법원Court, 집행위원회Commission 등을 갖춘 개별 국가를 넘어선 유럽 차원의 세계정부라 할 것이다.[94]

유럽의 평화적 통합이 가능하다면 세계의 평화적 통합 역시 불가능하다고만 단정할 수 없을 것이다. 문명권을 넘어 세계를 하나의 국가로 통일하는 것은 쉽지 않은 일이겠지만 로마 제국과 알렉산더 제국 같은 역사적 사례도 있으니 불가능한 것은 아니다. 단지 구체적으로 어떠한 과정을 거쳐 세상이 하나로 통일될 지 상상하기 어려울 따름이다.

---

[94] 2010년 회원국은 27개이다. 현재 터키가 가입신청을 하여 심의 과정에 있다. 터키는 유럽 기독교 국가들과 오랜 기간 전쟁을 벌인 유럽의 원수였다. 또 인구의 대다수가 회교도이기 때문에 기독교에 역사적 전통을 두고 있는 유럽이 볼 때 매우 이질적인 국가임에 틀림없다. 그래서 유럽연합 가입여부가 큰 관심의 대상이 되고 있다.

부록 : 제왕의 기운을 거두다

때는 1908년 무신년 음력 10월이었다. 증산 상제는 고부 와룡리 문공신의 집에서 만국제왕의 기운을 거두고 세계를 하나로 통일하는 공사를 행했다. 공사를 행하면서 그는 "이제 천하의 난국을 당하여 만세萬世의 대도정사大道政事를 세우려면 황극신皇極神을 옮겨와야 하느니라."고 하였다.(『도전』 5:325) 당시 세계가 처한 상황을 '난국'이라고 본 증산 상제는 그러한 난국을 해결하고 '만세의 대도정사'를 세우기 위해서는 황극신을 옮겨와야 한다고 한 것이다. 여기서 '대도정사'는 도에 입각한 이상적인 정치질서를 의미하는 것으로 보인다. 당시의 세상은 난국 그 자체였다. 특히 조선은 말할 수 없을 정도로 어려운 상황에 처해 있었다.

수년 전인 1905년 일본은 조선의 외교권을 장악하고 조선을 보호국으로 전락시켰다.(을사보호조약) 일본에서 파견한 통감統監이 한국의 내정을 장악하여 조선은 독립을 실질적으로 상실하였다. 치안을 다스릴 경찰도 일본 통감이 장악하고 심지어는 조선이 가진 미미한 군대조차도 일본의 자의적인 행동에 장애가 될까 봐 해산되었다. 당시 조선의 왕은 대한제국황제라는 칭호를 사용하고 있었지만 실제로는 통치권을 거의 박탈당한 무기력한 존재였다. 고종 임금은 일본의 폭거에 분개하여 헤이그 만국평화회의에 밀사를 파견하여 국제사회에 보호조약의 강압성과 부당함을 호소해 보려고 하였다. 그러나 밀사들은 조선이 일본의 보호국이 되어 외교권이 없기 때문에 회의 참석을 거부당했다. 헤이그 밀사사건이 알려지면서 일본 통감 이등박문은 "일본의 보호권을 거부하려면 차라리 일본에 선전포고를 하라."고 고종 황제를 윽박질렀다. 친일내각의 대신들도 고종을 질책하였다. 이제 고종 황제는 설자리가 없었다. 그리하여 1907년 7월 19일 "군국君國의 대사를 황태자로 하여금 대리케 한다"는 조칙을 내리고 양위하였다. 다음날 태자인 순종이 즉위하여 조선의 마지막 임금이 되었다.

일본은 또 독도를 강점하고 간도도 청에 넘겼다. 조선의 주권 뿐 아니라 그 영토도 침탈당한 것이다. 고종 임금의 양위소식에 조선인들은 분노하였다. 당시 조선인들의 분노가 어떠한 지는 1906년 74세의 고령으로 의병을 일으킨 면암 최익현의 봉기에서도 잘 드러난다. 그는 6월 4일 태인의 무성서원에서 "지금 왜적들은 국권을 농락하고 역신들은 죄악을 빚어내 오백년 종묘사직과 삼천리 강토가 이미 멸망의 지경에 이르렀다."고 개탄하며 봉기를 선언하였다. 최익현의 봉기는 다른 많은 봉기들을 촉발하였다. 1907년 군대해산에 분개한 군인들도 의병의 대열에 합류하였다. 일본은 그 지배에 대해 저항하는 조선인들을 상대로 대규모 토벌작전을 벌였다.

당시 중국도 조선과 마찬가지로 큰 난국에 처해 있었다. 아편전쟁 이후 서양 제국주의 열강들의 공격과 이권침탈로 중국은 열강들의 반식민지로 전락하고 있었다. 캉유웨이 등 개혁파 관료와 지식인들은 서양의 무기, 기술도입만으로는 안 된다고 보고 광범한 정치, 사회 개혁을 추진하였다. 젊은 황제 광서제는 개혁파들의 주장을 받아들여 개혁을 추진하려 하였으나 서태후를 위시한 수구파들의 반발로 실패하였다. 개혁을 놓고 지배층 내에서 일어난 분열의 파열음이 이는 가운데 서양 제국주의의 침략에 대한 민중들의 거친 반발이 있었다. 의화단의 난이 그것이다. 의화단은 서양인들이 세운 교회를 불태우고 기독교도들을 공격하였다. 의화단은 심지어 수도인 북경으로 진입하여 열강의 공사관을 포위, 공격하였다. 이에 열강들은 공동으로 군대를 파견하여 반란을 진압하였다. 의화단의 난을 이용하여 열강에 대해 전쟁을 선포한 청나라는 결국 서양 열강들에 막대한 손해배상금을 지불하고 외국군대 주둔권을 허용하는 등 이권을 빼앗겼다. (1900년 신축조약) 이 조약으로 열강들의 중국에 대한 지배는 한층 강화되었다.

증산 상제는 이러한 난국을 해결하고 새로운 정치질서인 만세의 대도정사를 세우려고 하였다. 그것을 위해서는 무엇보다 '황극신'이 옮겨와야 하였다. 황극신이란 무엇인가? 황극이라는 말이 천하의 통치자 즉 천자를 의미하기 때문에 황극신은 천자에게 응기 되어 있는 신을 말한다.[95] 증산 상제는 황극신이 당시의 청국淸國 황제인 광서제에게 응기 되어 있다고 하였다. 이는 중국이 오랫동안 중화사상을 내세우며 세상의 중심을 자처한 것을 가리키는 것으로 보인다. 중국은 세상의 중심이었기 때문에 중국의 황제는 황극이었다. 이러한 중국 중심주의 즉 중화주의는 중국인들 뿐 아니라 조선 선비들의 정신을 사로잡아 온 이념이었다. 1906년에 의병봉기를 불러일으킨 최익현의 말을 한번 들어보자. 그에 따르면 하늘과 땅이 먼저 열리고 음양이 먼저 생겨난 곳이 중원의 땅이다. 그곳은

---

95 원래 '황극'이라는 말은 중국 상고시대의 역사를 담고 있는 『서경』에 나오는 말이다. 황극은 임금이 따라야 할 길 즉 왕도를 말한다. 은나라의 현인 기자箕子는 통치의 도를 묻는 무왕에게 임금이 백성들에게 오복五福을 베풀어주고, 능력 있고 선하고 뜻있는 자들을 골라 쓰고, 치우치지 않는 것이 왕이 마땅히 좇아야 할 일임을 강조하고 그럴 때에만 임금의 말이 하늘의 뜻을 좇는 말이 되며 "임금이 백성들의 부모가 되어 천하를 다스리고 있다"는 말을 들을 수 있다고 하였다. 김학주 편역, 『서경』 280-300쪽.

"정대하고 청수한 기운이 모두 모인 곳"이므로 삼황오제와 같은 성인들이 태어났다. 이 성인들이 예악, 형벌제도, 정사와 학교, 제사 등 문명을 열었다. 이렇게 중국의 성인들에 의해 만들어진 문명이 중화문명이며 이러한 문명의 혜택을 받지 못한 사람들은 이적夷狄이었다.[96]

그러나 증산 상제는 중국이 세상의 중심이라는 그러한 생각을 받아들이지 않았다. 그는 한 제자가 청나라를 중국이라 부르는 것을 듣고는 그를 크게 꾸짖으며 말하기를 "청나라는 청나라요 중국이 아니니라. 내 세상에는 내가 있는 곳이 천하의 대중화"라 하였다.(『도전』 2:36) 그에게 조선은 "세계대운이 몰아 들어" 천하의 상등국이 될 나라이다.(『도전』 3:36, 5:389) 그런데 이렇게 조선이 상등국이 되기 위해서는 먼저 중국이 세상의 중심이라는 중화주의가 청산되어야 한다. 그가 황극신을 조선으로 옮겨와야 한다고 한 것은 그 때문이다.

그런데 증산 상제는 황극신이 조선으로 옮겨오는 '인연'은 만동묘가 세워짐으로 인해 주어졌다고 하였다.(『도전』 5:325) 놀라운 발상이 아닐 수 없다. 일반적으로 만동묘는 조선 유생들의 중화주의, 존화사대주의의 표상으로 일컬어지기 때문이다. 명나라를 상전의 나라로 생각하고 오랑캐 청에 의해 망한 명나라의 복수를 해야 한다고 역설하던 우암 송시열이 죽기

---

96 『국역면암집』 제1권 「再疏」 158-174쪽.

전에 제자들에게 당부하여 세워진 것이 바로 만동묘이다. 만동묘는 명의 마지막 두 임금 신종(만력제)와 의종(숭정제) 황제를 제사지내기 위한 사당으로 지어졌다.

만동묘가 들어선 괴산 화양동은 우암이 병자호란 이후 이곳에 은거하면서 학문을 연마하고 후진을 양성하였던 곳이다. 특히 명나라의 마지막 황제였던 의종의 '비례부동非禮不動' 넉자의 필적을 구하여 계곡의 암벽에 새겨놓고 그 옆에 친히 '대명천지大明天地 숭정일월崇禎日月'이란 글씨를 새겨서 존명대의의 장소로 삼았다. 대명나라 황제가 다스리는 밝고 환한 세상이라는 뜻이다. 또 만동묘 주변에는 '만절필동萬折必東'이라는 글도 새겨져 있었는데 이는 황하가 만 번이나 꺾여 흘러도 결국은 동쪽으로 흘러간다는 의미로 군자의 의지와 절개를 상징하는 말이다. 만동묘는 이 만절필동에서 따온 것이다.

중화주의의 상징인 만동묘라는 이름부터 기묘하다. 만 번 꺾여도 동으로 간다! 여기서 동東이라는 말은 동방 조선을 의미하는 숨은 뜻을 가진 것은 아닐까? 역사의 많은 변천에도 불구하고 동방의 조선이 세상의 중심, 천하의 대중화가 된다는 것을 의미하는 것은 아닐까? 증산 상제는 이렇게 만동묘를 조선이 천하의 대중화가 되는 것과 연관시켰다. 사실 송시열을 비롯한 많은 조선의 유생들은 명을 멸망시킨 청나라를 중화로 인정하지 않았다. 오랑캐 나라라는 것이다. 이런 시각에서 보자면 중화문명은 명나라로부터 조선으로 이어진다. 이것이 조선 중화주의이다. 조선이 오랑캐에 망한 명의 뒤를 이어 중화문명의 주역이 되었다는 것이다. 문명의 중심은 조선이다. 청나라의 등장은 중화사상에 물든 조선의 유생들로 하여금 이러한 기막힌 사상의 반전을 하게 만들었다. 그렇다면 만동묘는 존명사대주의의 표상이 아니라 조선이 문명의 중심임을 자랑하는 조선 중화주의의 표상이 될 수 있다. 조선이 문명세계의 중심이라는 이러한 자부심은 실제로 조선 후기 많은 유생들의 공통된 신념이었다.[97] 송시열은 바로 이런 소중화주의의 원조와 같은 인물이다. 그래서 증산 상제는 황극신이 이 땅에 옮겨 오게 된 '인연'이 송시열이 만동묘를 세움으로부터 비롯되었다고 한 것이다.

물론 오랫동안 현실정치에서 청은 조선의 상전이었다. 조선왕은 형식적이기는 하였지만 청 황제에게 조공을 바치고 정기적으로 황제에게 하례사절을 파견하였다. 조선은 청의 종주권을 정면으로 거부할 힘이 없었다. 이러한 이념질서에 균열이

---

97 19세기에 들어서는 청나라의 우위를 인정하고 그 문물을 받아들여야 한다는 북학파가 등장하였으나 지방의 유림들은 조선 중화주의를 사수하였다. 이러한 세계관과 현실에 대한 인식을 가장 분명하게 드러낸 것이 화서 이항로 학파였다. 물론 19세기 후반 화서학파에게 주된 적은 북방 오랑캐가 아니라 서양 오랑캐들이었다. 17세기의 북벌론은 이 시기에 와서 서양 오랑캐에 대한 척사론으로 바뀌었을 뿐이다. 정옥자, 『조선후기 조선중화사상 연구』 220쪽.

생긴 것은 청이 19세기에 들어 외세의 침략을 받으면서였다. 청은 영국과의 아편전쟁에서 패배하고 베트남에 대한 종주권을 놓고 프랑스에 패배하여 베트남에 대한 종주권을 상실하였다. 조선에 대한 종주권은 일본과의 전쟁에서 굴욕적인 패배로 끝이 났다. 조선 왕 고종이 1897년 황제를 칭할 수 있었던 것은 조선이 청의 종주권으로부터 벗어났기 때문에 가능하였다. 한마디로 말해 황극신이 옮겨갈 객관적 여건이 조성 되어 있었던 것이다.

황극신을 옮겨가기 위해 증산 상제는 무신년 10월의 공사에서 밤마다 시천주주侍天主呪를 성도들에게 읽게 하였다. 며칠 후 증산 상제는 말하기를 "이 소리가 운상하는 소리와 같도다." 하고는 "운상하는 소리를 어로御路라 하나니 어로는 곧 임금의 길이라. 이제 황극신의 길을 틔웠노라."고 선언하였다.(『도전』 5:325) 며칠 후 청나라 광서제가 죽었다. 1908년 11월 14일이었는데 서태후가 죽기 하루 전이었다. 사람들은 서태후에 의한 독살일 가능성을 추측하지만 아직까지 그 죽음의 원인은 베일에 싸여 있다.[98]

무신년 10월의 공사에서 증산 상제는 '만국제왕의 기운'을

---

[98] 광서제는 무술변법이 실패로 돌아가면서 실질적으로 권력을 서태후에게 빼앗겼다. 그 후 광서제는 유폐상태에 처해졌으며 서태후에 의한 심적 학대가 계속되어 죽기 전에는 신체적으로나 정신적으로 완전히 무너진 상태였다. 자오량,『광기의 제왕학』 346-351쪽.

걷어 버리노라고 선언하였다.[99] 광서제의 사후 불과 3년 만에 중국에서는 신해혁명으로 제정이 폐지되었다. 그 전해에는 조선이 일본에 합병되면서 조선 왕정이 사라졌다. 다시 몇 년 지나지 않아 서양에서는 일차대전이라는 미증유의 대전쟁이 일어났다. 유럽 대부분의 나라들 뿐 아니라 미국, 일본 등 아메리카와 아시아의 국가들도 참전한 그야말로 세계적인 전쟁이었다. 이 전쟁이 많은 정치적 변화를 초래하였음은 잘 알려진 사실이다. 그 가운데서도 우리의 관심을 끄는 것은 물론 왕정의 폐지이다. 1917년 볼셰비키들이 혁명을 일으켜 정권을 장악한 러시아는 말할 것도 없고 독일과 오스트리아, 오스만 투르크 제국 등 패전국의 왕들은 전승국에 의해 전범으로 몰리거나 패전에 대한 책임으로 일거에 몰락하였다. 이들 나라에서 왕정은 낡은 것으로 여겨져 누구도 그것을 되살리려는 진지한 노력을 하지 않았다. 제왕의 시대가 막을 내렸다. 증산 상제가 말했듯이 만국제왕의 기운이 걷힌 것이다.

그런데 증산 상제가 만국제왕의 기운을 거둔 이유는 무엇일가? 이는 증산 상제의 거대한 계획과 연관되어 있었다. 세계를

---

99 『도전』에는 다음과 같이 당시의 일이 기록되어 있다. "이로써 세계일가 통일정권 공사를 행하시니 성도들을 앞에 엎드리게 하시며 말씀하시기를 '이제 만국제왕의 기운을 걷어 버리노라.' 하시고 성도들에게 '하늘을 보라.' 하시매 하늘을 보니 문득 구름과 같은 이상한 기운이 제왕의 장엄한 거동처럼 허공에 벌여져 있다가 곧 사라지니라."(『도전』 5:325:10-12)

하나의 가족처럼 통일하는 것이다. 이제까지 여러 나라들로 나뉘어 끊임없이 싸워온 세상과는 달리 새로운 세상은 정치적으로 통일되어야 한다. 그러기 위해서는 먼저 각국의 통치를 대대손손 장악하고 있는 만국제왕들이 사라져야 한다. 증산상제가 만국제왕의 기운을 거두는 공사를 『도전』에서는 '세계일가 통일정권 공사'라고 이름을 붙인 것은 그런 이유에서였다.

참고서적

『증산도 도전』(개정신판, 증산도도전편찬위원회, 대원출판사, 2003)

『100문 100답 증산도』(상생출판, 2010)

『서경』(김학주 편역, 명문당, 2002)

아리스토텔레스,『정치학』(천병희 역, 숲, 2009)

에드워드 기번, 발췌번역판『로마제국쇠망사』(황건 역, 까치, 1991)

에드워드 기번,『로마제국쇠망사』전6권 (송은주 역, 민음사, 2010)

패트릭 기어리,『메로빙거 세계』(이종경 역, 지식의 풍경, 2002)

시오노 나나미,『로마인 이야기』(김석희 역, 한길사, 1995-2007)

시오노 나나미,『로마 멸망 이후의 지중해 세계』(김석희 역, 한길사, 2009)

조르주 보르도노브,『나폴레옹 평전』,(나은주 역, 열대림, 2008)

조르주 뒤비, 로베르 망드루,『프랑스문명사』(김현일 역, 까치, 1995)

다니엘 리비에르,『프랑스의 역사』(최갑수 역, 까치, 1998)

카를 마르크스,『프랑스혁명사 3부작』(임지현·이종훈 역, 소나무, 1990)

피터 브라운,『기독교 세계의 등장』(이종경 역, 새물결, 2004)

페리 앤더슨,『절대주의 국가의 계보』(김현일 외 역, 까치, 1993)

빅터 에렌버그,『그리스 국가』(김진경 역, 민음사, 1991)

존 엘리엇,『스페인 제국사 1469-1716』(김원중 역, 까치, 2000)

앨리슨 위어,『헨리 8세와 여인들』(박미영 역, 루비박스, 2007)

윌리엄 랭어 편,『호메로스에서 돈키호테까지』(박상익 역, 푸른역사, 2001)

이영림,『루이 14세는 없다』(푸른역사, 2009)

주경철,『네덜란드, 튤립의 땅, 모든 자유가 당당한 나라』(산처럼, 2003)

최익현,『국역면암집』(민족문화추진회 편역, 민족문화추진회, 1977-

1978)

슈테판 츠바이크, 『마리 앙투아네트 베르사유의 장미』 (박광자·전영애 역, 까치, 1992)

레이몬드 카 외, 『스페인사』 (김원중·황보영조 역, 까치, 2006)

퓌스텔 드 쿨랑쥐, 『고대도시』 (김응종 역, 아카넷, 2000)

플루타르크, 『플루타르크 영웅전』 (김병철, 사닥다리, 1994)

플루타르크, 『플루타르코스 영웅전』 (천병희 역, 숲, 2010)

헤로도토스, 『역사』 (천병희 역, 숲, 2009)

Aristotle, *The Politics and the Constitution of Athens* (Ed. by Stephen Everson, Cambridge University Press, 1996)

J. Barbey, *Être roi : Le roi et son gouvernement en France de Clovis à Louis XVI* (Fayard, 1992)

M. Bloch, *Les rois thaumaturges* (Gallimard, 1983)

J. B. Bury, *The Constitution of the Later Roman Empire* (Cambridge University Press, 1909)

Plato, *The Republic*, tr. by Allan Bloom (BasicBooks, 1968)

L. Gershoy, *From Despotism to Revolution 1763-1789*, (Harper & Brothers, 1944)

E. Gibbon, *The History of the Decline and Fall of the Roman Empire*, (Oxford, 1827)

G. Grote, *History of Greece*, (New York, Harper & Brothers, 1853)

Marsilius of Padua, *Defensor pacis*, tr. by Alan Gewirth (Columbia University Press, 2001)

K. Morgan, ed. *The Oxford History of Britain* (Oxford University Press, 1988)

H. A. Myers, *Medieval Kingship* (Nelson-Hall, 1982)

T. Paine, *Common Sense* (1776)

G. Parker, *Philip II* (Open Court, 2002)

S. Smiles, *The Huguenots in France after the Revocation of the Edict of Nantes* (George Routledge and Son, 1881)

찾아보기

ㄴ

온 인류에게 후천 5만년 조화선경의 꿈을 열어주는

한민족의 문화원전 도전

서구에 신약이 있고
인도에 베다와 불경이 있고
중국에 사서오경이 있다면
이제 온 인류에게는 『道典』 문화가 있습니다

초기 기록으로부터 100년 만에 드디어 완간본 출간!

하늘땅이 함께하는 진정한 성공의 비밀을 알고 싶습니까?
세계를 지도하는 한민족의 영광을 만나고 싶습니까?
마침내, 가을개벽을 맞이하는
세계 역사 전개의 청사진을 보고 싶습니까?
상생의 새 진리 원전 말씀,『도전』을 읽어 보세요
이 한권의 책 속에 세계일가 시대를 여는
놀라운 상생 문화의 비전이 담겨 있습니다.

『도전』에는 후천가을의 새 문화 곧 정치·종교·역사·과학·여성·어린이
문화 등 미래 신문명의 총체적인 내용이 모두 함축되어 있습니다. 서양 문
명의 중심이 신약 한권에서 비롯되었듯이, 후천 5만년 상생의 새 역사는
이『도전』한 권으로 열립니다.

『도전』읽기 범국민 운동 이제 당신도 참여할 수 있습니다

전국 주요 서점, 케이블TV STB상생방송,
www.jsd.or.kr (증산도 공식 홈페이지)에서
『도전』을 만나보세요

甑山道
道典

증산도 도전편찬위원회 편찬 | 최고급 양장 | 대원출판

인류 신문명의 비전을 제시하는 한韓문화 중심채널
SangSaeng Television Broadcasting

주요 프로그램

STB 기획특집
상제님 일대기, 안운산 종도사님 대도 말씀
『도전』강독 대大 강연회

한민족의 문화원전 도전 문화를 연다
『도전』 산책, 『도전』 퀴즈
I Love English DOJEON 등

새시대 새진리 증산도
알기 쉬운 증산도, 증산도 문화공감
애니메이션 〈신앙 에세이〉, 특집 시리즈 〈병난〉

STB 연중 캠페인
생명을 개벽합시다
〈1사社1 문화재 지킴이〉 운동 등

한문화 중심채널 STB상생방송
STB 초청 〈역사특강〉
전통음악회 〈맏앙〉, 〈한국의 마을숲〉

천하대세를 알아야 성공한다!

당신은 12만9천6백년의 우주년에서
가장 큰일을 할 수 있는 바로 그 시점에 살고 있다

天地의 道
春生秋殺

안운산 지음 | 양장 | 전면 칼라
376쪽 | 말씀 오디오 CD 포함

안운산 말씀
오디오 테이프 10개 세트

상생의 새 문명을 여는 천지대도 말씀

인류 통일문명의 놀라운 비전과 대변혁 이야기

이제 인간 삶의 목적과 깨달음,
새롭게 태어나는 내일의 참모습을
속 시원하게 밝혀주는 멋진 새이야기가 시작된다

개벽 실제상황

안경전 지음
크라운판 | 전면 칼라
560쪽

이 책에는

길을 찾아 방황하는 오늘의 우리 이야기에서 시작하여 신천지가 열리는 원리(1부), 뿌리 뽑힌 한민족혼과 한민족사의 진실(2부), 동서 문화의 뿌리인 신교神敎의 맥과 인간으로 오신 상제님이 여시는 새 역사의 길(3부), 대개벽의 실제상황과 개벽의 의미(4부), 그리고 구원의 새 소식과 개벽 후에 지상에서 맞이하는 아름다운 세상 이야기(5부)가 담겨 있다. '언제쯤 진정한 개벽 소식, 구원 소식을 들을 수 있을까?' 라고 새 소식에 목말라 했다면, 이제 당신은 샘물을 찾은 것이다.